| 职业教育电子商务专业 系列教材 |

网络营销实务

主　编／陈婷婷

副主编／曾燕玲　黄燕华

参　编／（排名不分先后）

　　　　魏慧敏　叶　莉　潘永昌　张　征

　　　　刘秋丹　李景梅　王婉娜

重庆大学出版社

内容提要

本书以网络营销分析框架及业务流程为主线进行编写,共分为走进网络营销、开展网络市场调研、搭建网络营销平台、打造网络品牌、引爆网络流量、评估网络营销效果 6 个项目,采用"项目→任务→活动"的编写体例,每个项目包括项目综述、项目目标、思维导图、任务引例、活动背景、活动实施、知识窗、知识拓展、项目检测等板块,穿插了"启智探究""行业直通车""创新风向标""做一做""思行园地"等栏目,通过实际案例,突出实际应用,结合国家乡村振兴战略规划和中华优秀传统文化传承的任务情境融入教材中,培养具备社会主义核心价值观的高素质网络营销人才。

本书可作为职业教育电子商务、市场营销等相关专业的教材或教学参考书,也可作为网络创业者、电子商务从业人员阅读和参考。

图书在版编目(CIP)数据

网络营销实务 / 陈婷婷主编. -- 重庆： 重庆大学出版社, 2024. 12. -- (职业教育电子商务专业系列教材). -- ISBN 978-7-5689-4863-0

Ⅰ. F713.365.2

中国国家版本馆CIP数据核字第20243AT855号

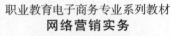

职业教育电子商务专业系列教材

网络营销实务
WANGLUO YINGXIAO SHIWU

主 编 陈婷婷

副主编 曾燕玲 黄燕华

策划编辑：王海琼

责任编辑：王海琼 版式设计：王海琼

责任校对：邹 忌 责任印制：赵 晟

*

重庆大学出版社出版发行

出版人：陈晓阳

社址：重庆市沙坪坝区大学城西路21号

邮编：401331

电话：(023) 88617190 88617185 (中小学)

传真：(023) 88617186 88617166

网址：http : //www.cqup.com.cn

邮箱：fxk@cqup.com.cn (营销中心)

全国新华书店经销

重庆市国丰印务有限责任公司印刷

*

开本：787mm×1092mm 1/16 印张：11.25 字数：282千

2024年12月第1版 2024年12月第1次印刷

印数：1—3 000

ISBN 978-7-5689-4863-0 定价：39.00元

编写人员名单

主　编　陈婷婷　广州市城市建设职业学校

副主编　曾燕玲　汕头市潮阳区职业技术学校

　　　　黄燕华　中山市沙溪理工学校

参　编　（排名不分先后）

　　　　魏慧敏　广州市城市建设职业学校

　　　　叶　莉　博罗中等专业学校

　　　　潘永昌　广州市轻工职业学校

　　　　张　征　中山市中等专业学校

　　　　刘秋丹　深圳市博伦职业技术学校

　　　　李景梅　深圳市博伦职业技术学校

　　　　王婉娜　中山市中等专业学校

党的十八大以来，我国深入实施网络强国、数字中国战略方面，取得举世瞩目的发展成就。目前，我国网民规模已达 10.92 亿人，互联网普及率达 77.5%，形成了全球最庞大的网络社会，网络经济也作为一种新的经济形态已经全面开启。在网络环境下，时间和空间的概念、市场的性质，以及消费者的需求、动机和行为都发生了颠覆性的变化。如何在互联网上把握商机，是中国企业面临的挑战，同时也是激发了庞大网络营销人才的需求。

在推动建设网络强国、数字中国的进程中，新的互联网技术快速更新迭代，新的营销手段和方法层出不穷，尤其是近年来社交媒体营销、多媒体营销和智能营销的蓬勃发展给网络营销带来了新的机遇，也对教材编写的适应性和创新性提出了新的要求。

本书延续重庆大学出版社职业教育电商专业系列教材编写强调工学结合、知行合一的特色，采用"项目→任务→活动"的编写体例，每个项目包括项目综述、项目目标、思维导图、任务引例、活动背景、活动实施、知识窗、知识拓展、活动拓展、项目检测等板块，穿插了"启智探究""行业直通车""创新风向标""做一做""思行园地"等栏目。通过实际案例，突出实际应用，克服传统网络营销教材理论偏多、偏深的弊端，注重理论在具体运用中的要点、方法和操作，通过实际范例的配合，分析总结，使学生在完成具体任务的同时，既能掌握基础的网络营销理论知识，又能体验网络营销全流程的工作过程。

在章节和内容的安排上，本书遵循"可读实用，守正出新"的原则，以网络营销分析框架及业务流程为主线，包括走进网络营销、开展网络市场调研、搭建网络营销平台、打造网络品牌、引爆网络流量、评估网络营销效果六个项目。内容一方面反映了知识更新和网络营销实践发展中的最新动态，尤其注重增加了智能营销、内容营销等契合当今网络营销发展方向的内容，选取的案例或者范例基本取自国内知名企业，并且在情感、习惯上更加接近年轻人，使其内容更易于被学生理解与接受。另一方面，本书践行立德树人的教育理念，结合国家乡村振兴战略规划和中华优秀传统文化传承的任务情境融入教材中，培养具备社会主义核心价值观的高素质网络营销人才。

基于学生移动学习的习惯，本书的知识拓展均配有二维码教学资源，可在网络环境下"扫一扫"书中的二维码图片，获取相关的教学资源。

本书由陈婷婷任主编，曾燕玲、黄燕华担任副主编。项目 1 由陈婷婷、魏慧敏编写；项目 2 由曾燕玲编写；项目 3 由黄燕华、叶莉编写；项目 4 由潘永昌、张征编写；项目 5 由黄燕华、刘秋丹编写；项目 6 由李景梅、王婉娜编写；本书由陈婷婷统稿并定稿。

本书配有教学资源包，包括 PPT、电子教案、习题答案、试卷供教师教学参考，需要者可在重庆大学出版社的资源网站（www.cqup.com.cn）下载。

限于作者水平，书中可能存在错误，欢迎读者提出宝贵意见或建议。读者意见反馈邮箱为：181680623@qq.com。

编 者
2024 年 12 月

目录

▌▌▌▌ 参考文献

项目 1
走进网络营销

▢ 项目综述

近年来，在互联网技术不断升级的推动下，消费者的消费观念和购买方式发生了很大的改变。如果一个企业无法在这个"流量为王"的互联网时代获得足够多的线上流量，那么它的盈利空间将极其有限。因此，企业都非常关注如何利用网络营销获得更多的线上流量。本项目以故宫文创产品的网络营销案例引领大家走进网络营销，理解网络营销，明确网络营销的职能，明晰网络营销行业的岗位需求和工作内容。只有把握机遇，才能在激烈的竞争中占据主动位置。

▢ 项目目标

通过本项目的学习，应达到的具体目标如下：

素质目标
◇形成严谨、细致的信息搜集习惯；
◇树立创新意识，提升创意意识；
◇提升发现问题、探究问题、解决问题的思辨能力；
◇感受网络营销在传承传统文化、乡村振兴等领域发挥的作用。

知识目标
◇掌握网络营销的概念和内涵；
◇掌握网络营销与传统营销的区别；
◇掌握网络营销的职能；
◇了解网络营销的发展趋势；
◇掌握网络营销的平台和方法；
◇了解网络营销的基本工作岗位和主要工作职责。

能力目标
◇能够正确认识网络营销，辨识网站能够实现的网络营销职能；
◇能够明晰网络营销的发展趋势，分析典型案例中体现的营销思维；
◇能够搜集网络营销相关的工作岗位信息。

思维导图

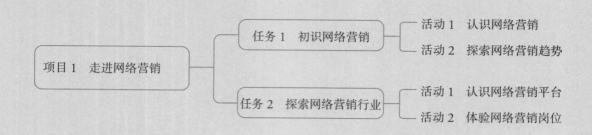

任务1 >>>>>>>>>
初识网络营销

任务引例

六百年故宫文化焕发新活力

　　故宫建立于明清两朝，历经六百年兴衰荣辱，是两朝帝王宫殿群（旧称"紫禁城"），承载着中国的历史文化，也是全人类的珍贵文化遗产。北京故宫博物院作为我国最大的古代文化艺术博物馆，依托故宫博物院馆藏文化资源，通过创意转化、科技提升形成的各种形式的以文化为核心内容的故宫文创产品在电商平台销售（见图1.1.1）。故宫文创产品推出后，通过各种线上渠道开展了丰富多彩的网络营销活动，迅速占领了文创市场。

　　1.以社交媒体为主要网络营销平台。故宫博物院的网络营销平台主要有微信公众号、微博、电商平台三个。利用微博公开透明、实时刷新的特点，公布产品最新动态，与粉丝进行互动，为新产品上市造势。公众号文章则作为消费者进一步了解产品的媒介，传达品牌信息，发掘更多潜在消费者。电商平台与社交媒体相辅相成，让消费者第一时间方便快捷地浏览、购买产品。

　　2.调研定位年轻化目标客户群体。故宫博物院天猫文创旗舰店成立初期，产品受众主要群体定位在35~50岁男性中年群体，偏重于古董文玩一类文创产品，包括具有历史感的绘画、瓷器等，产品虽然十分精致，却没有在互联网上找到精准消费群体，销售不佳，市场地位尴尬。后期经过调研，将主要目标客户群体调整为35岁以下年轻女性群体，产品转型主打"萌"系产品，把流行的"萌"文化和传统文化有机结合，迎合了年轻群体的消费需求，培养了一大批忠实活跃的年轻粉丝，为后来的故宫文创天猫旗舰店发展提供了肥沃土壤，培育了消费市场。

3.文化创意提供网络营销卖点。故宫博物院将鲜明的文化符号与潮流结合,打造了Q版黄袍、紫金龙钥匙扣、千里江山书签、冰箱冷宫贴、宫墙口红色等产品,在追求时尚元素的同时,也不忘挖掘传统文化内涵,产品功能设计追求实用性,主要都是生活日常用品,引发极大关注,为网络营销活动打下产品热度基础。

4.跨界合作开拓品牌更多价值。故宫博物院与腾讯公司合作,利用H5、AR、VR等技术,共同推出了《穿越故宫来看你》《数字博物馆》《故宫VR体验馆》《皇帝的一天》系列作品,在互联网新媒体社交工具上引起了强烈反响,让庄严、肃穆的故宫博物院"走下神坛",拉近了故宫博物院和受众的距离,吸引了一大批年轻粉丝。故宫博物院通过跨界合作,大大地减少了产品研发支出和营销压力,也拓宽出更多衍生之路。

故宫博物院的网络营销策略获得了巨大的成功,文创产品的年销售额超过15亿元,让文化宝藏与公众产生联系,让故宫焕发了新的光彩。

图 1.1.1　淘宝网故宫博物院文创旗舰店首页

分析与启示

文化兴国运兴,文化强民族强。文化是一个国家、一个民族的灵魂,文创产品的推出,正是将我们的文化融入了人们的日常生活,为传统文化注入了时代的活力。随着互联网的迅速发展和电子商务的出现,越来越多的文创品牌借助网络进行营销推广,故宫文创作为其中的佼佼者,凭借出色的网络营销模式树立了自身品牌,让故宫文创产品深受年轻消费者的喜爱和追捧,实现了弘扬传统文化与高增长受益的双赢。故宫文创产品的成功,让我们感受到了文化传承的巨大魅力,更看到了网络营销相较于传统营销方式的巨大优势。网络营销借助新媒介带来了新的发展格局,激励我们在创新的道路上不停前进。

活动1   认识网络营销

活动背景

当今数字化时代，互联网已经成为企业推广和营销的重要渠道，而这也正是李想最为感兴趣的领域。因此在实习时，李想选择进入一家互联网营销推广公司，他的第一个实习岗位是市场部的策划助理。市场部近期收到了一个文创产品项目，文创产品一直面临着目标人群小众、难以触达的困境，如何才能让小众变现成市场的热销产品呢？项目经理让李想先学习故宫博物院文创产品的案例。故宫博物院文创产品为什么能够凭借网络营销手段得到大众的喜爱呢？而网络营销是什么呢？它为什么有这么大的流量呢？让我们跟着李想一起走进网络营销。

活动实施

第1步：认识网络营销的内涵

> 🔲 知识窗
>
> ### 什么是网络营销？
>
> 1.网络营销的概念
>
> 网络营销（On-line Marketing或E-Marketing）就是以互联网为基础，利用数字化的信息和网络媒体的交互性来辅助营销目标实现的一种新型的市场营销方式。网络营销以互联网为媒体，以新的方式、方法和理念，通过一系列网络营销策划，制定和实施营销活动，更有效地促成了个人和组织交易活动的实现。
>
> 网络营销是企业整体营销战略的一个组成部分，整个过程由市场调查、客户分析、产品开发、销售策略、售后服务、反馈信息等环节组成。随着互联网、信息技术、移动智能设备等的迅速发展，网络营销的价值越来越凸显，可以利用的手段众多，如E-mail营销、搜索引擎营销、社交媒体营销、网络广告营销、短视频营销、直播营销等。总体来说，凡是以互联网为平台开展的各种营销活动，都可称为网络营销。网络营销的同义词包括网上营销、互联网营销、在线营销等。
>
>
>
> 认识网络营销
>
> 2.网络营销的内涵
>
> 网络营销作为在互联网上开展的营销活动，它的概念不是僵化的。随着网络技术的进步和客户消费观、价值观的改变，网络营销的内容和手段也在不断发生演变，因此，我们需要进一步了解网络营销的内涵，才能适应市场的变化。
>
> （1）网络营销不等于网络推销
>
> 作为新手，很多人都会有一个误区，认为"营销=推销"。从图1.1.2可以看出，推销理念是从企业的利益出发，单纯追求低成本的规模生产，生产出来后再极力销售出去。而营销理念是从客户需求出发，寻求企业产品、服务与客户需求之间的差异，并通过改变企业

的经营策略来满足客户需求。因此，网络营销的第一步并不是制定销售策略，而是进行市场调研以明晰目标客户及其需求。

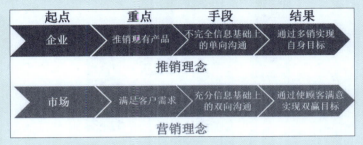

图 1.1.2　营销和推销的区别

（2）网络营销不是孤立存在的

许多企业开展网络营销的随意性很大，往往是根据网络公司的建议方案直接开展，而在网络营销方案中的活动内容几乎不需要企业营销部门参与，网络营销成了网络公司的表演秀。事实上，网络营销应纳入企业整体营销战略规划，如图1.1.3所示。网络营销活动不能脱离一般营销环境而独立存在，网络营销理论是传统营销理论在互联网环境中的应用和发展。

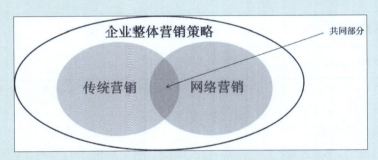

图 1.1.3　企业整体营销战略构成

（3）网络营销不等于电子商务

网络营销和电子商务是一对紧密相关又具明显区别的概念，两者很容易混淆。电子商务的内涵很广，其核心是电子化交易，电子商务强调的是交易方式和交易过程的各个环节。而网络营销的定义已经表明，网络营销是企业整体战略的一个组成部分。网络营销本身并不是一个完整的商业交易过程，而是为促成电子化交易提供支持，因此是电子商务中的一个重要环节（见图1.1.4），尤其是在交易发生前，网络营销发挥着主要的信息传递作用。

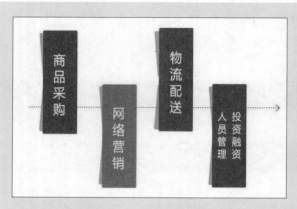

图 1.1.4 电子商务的主要环节

在学习了网络营销内涵的基础上，请同学们完成表1.1.1。

表 1.1.1 对网络营销内涵的认识

常见误区	正确认识
营销就是推销	
网络营销是一个独立的环节	
网络营销等同于电子商务	
网络营销就是"虚拟营销"	

第2步：区别网络营销与传统营销

网络营销和传统营销都是企业市场营销模式的一种方式，通过相互整合，共同为实现企业组织目标服务，并能体现出许多共同性。同时，网络营销作为一种新的营销方式，区别于传统的市场营销，具有独特的优势。网络营销和传统营销的区别在于：营销理念发生根本性变化，带来了目标市场和信息沟通方式的差异。具体见表1.1.2。

表 1.1.2 网络营销与传统营销的区别

区别	传统营销	网络营销
营销理念	以企业为中心，说服消费者接受企业已经生产的产品，以实现企业的销售目标	以客户需求为中心，通过沟通，企业根据客户的个人需求提供产品、服务等
目标市场	针对特定的消费者群体，如报刊的读者、电视的观看者等	通过网络收集大量信息，了解不同消费者的不同需求，为客户提供个性化的产品或服务
信息沟通方式	报纸广告、杂志广告、广播电视广告、户外广告、张贴横幅、直邮广告等单向沟通方式	以互联网为传播媒介的双向沟通方式，客户能够主动地查询信息、选择产品及反馈意见

⟦知识窗

网络营销有哪些优势？

《2024中国互联网营销发展报告》显示2024年中国互联网营销产业向专业化和价值链高端延伸，质量效益明显提升，中国互联网营销市场总规模达到6 750亿元，同比增长12.66%。数据显示，网络营销作为一种全新的营销方式，越来越受到企业的重视，相对于传统营销，其优势主要体现在以下几方面：

1.传播速度快、范围广

企业开展网络营销，不仅覆盖范围广泛，而且不受时间和空间的限制，可以通过互联网络提供7×24小时不间断的全球性营销服务，信息传播速度快，营销力度更强，效果更加显著。

2.方式多样，交互性强

在互联网上，信息交换能以文字、声音、图像、视频等多种媒体形式实现，因此网络营销手段也非常多样（见图1.1 5），并且随着网络技术的进步，新的营销方式层出不穷，交互性能更强，客户能够主动查询、选择信息，企业能够通过网络营销实现与客户的供需互动和双向沟通。

图1.1.5　网络营销的常用手段

3.针对性更加明确

在网络营销中，由于点阅信息者即为有兴趣者，所以可以直接命中可能用户，并可以为不同的受众推出不同的广告内容。尤其随着大数据技术的发展，能够分析用户的消费习惯，给用户的消费行为打上专属标签，根据标签内容画出用户画像，有针对性地进行精准营销，用户体验好、黏性高。

4.营销数据可准确统计

利用传统媒体做市场推广，很难准确地知道有多少人接受到信息，而在互联网上可通过权威公正的访客流量统计系统精确地统计出浏览数据，以及这些客户浏览的时间分布和地域分布。因此，借助分析工具，客户群体清晰易辨，成效易体现，有助于企业正确评估营销效果，制订或者调整营销策略。

5.变化灵活、成本低

在传统营销中，信息发布后很难更改，即使可改动往往也需付出很大的经济代价。而在网络营销中，能按照需要及时变更营销内容，使经营决策的变化可以及时地实施和推广。同时，互联网作为新兴的媒体，收费也远低于传统媒体，若能直接利用网上推广进行产品销售，则可节省更多销售成本。

启智探究

网络营销能完全替代传统营销吗？

基于网络营销的优势，企业以越来越快的速度向网络营销渠道转变，那传统营销会被网络营销完全替代吗？传统营销和网络营销的关系是什么？

请同学们阅读以下案例，并分组讨论网络营销是否能完全替代传统营销。

线下体验、线上曝光的闭环引流营销

基于对城市的生活状态的洞察可以发现，到了年末，年轻人往往都有着自己的遗憾，大家都喜欢用各种方式在逃避遗憾。

华润三九医药股份有限公司（简称"华润三九"）正是捕捉到了用户在新旧年交替之时的心理状态，因此策划了一场针对上海公交站的社会化营销活动：下一站，未来可期。

为了让更多的用户参与本次活动，华润三九采取了线下体验式营销，通过改造上海公交车的站台的广告牌，融入人像感应技术，将其模拟成公交车车厢，利用LED屏放映的动态街景，营造出一种置身行驶中车辆内的体验，寓意着挥手告别过去一年，坐上这辆具有许愿功能的幸福的新年班车。

用户通过广告牌上的二维码，即可在H5上上传自己的新年愿望和图片，上传后最终会被发布到这个创意公交站牌上，让全城人民共同见证你的愿望。

线下活动的持续发力，很快在网络上掀起一阵热议，持续提升了整场活动的参与度。为了将活动的范围突破城市的界限，华润三九在线上也通过微博话题设立了微博许愿活动，让话题传播全程蔓延更多人群，热度得到持续性增长。

通过这样一套线上线下组合拳，"以点爆破"城市覆盖全国，最大限度实现活动曝光的同时，也将其"暖暖很贴心"的品牌形象认知逐步扩散，渗入更多用户的心里。

案例分析

从该案例中不难看出，网络作为广告媒体的优势在于互动性，而劣势则在于由互动性所带来的被动性。除了有目的地搜寻外，消费者并不会主动上网去观看企业辛苦设计的网络广告。在网上，企业也没有多少机会去制造声势，所以企业不得不借助传统媒体的力量来激活网络广告。因此，在实践中，往往是传统营销与网络营销并存。

第3步：归纳网络营销的职能

🔲 知识窗

网络营销有什么作用？

企业开展网络营销的目的在于充分发挥其各种职能，使企业的经营效益最大化。网络营销的主要职能包括树立品牌、网站推广、发布信息、销售促进、拓展销售渠道、客户服务、网上调研七个方面。

1. 树立品牌

网络营销的重要任务之一就是在互联网上建立并推广企业的品牌。知名企业的线下品牌可以在网上得以延伸，中小企业则可以通过互联网快速树立品牌形象，并提升企业整体形象。网络品牌建设是以企业网站建设为基础，通过一系列的推广措施，达到顾客和公众对企业的信任和认可，在一定程度上说，网络品牌的价值甚至高于通过网络获得的直接收益。

2. 网站推广

获得必要的访问量是网络营销取得成效的基础，尤其对于中小企业。由于经营资源的限制，发布新闻、投放广告、开展大规模促销活动等宣传机会比较少，因此通过互联网手段进行网站（包括在电商平台开设的网店）推广的意义显得更为重要。网站推广是网络营销最基本的职能之一，是网络营销的基础工作。

3. 发布信息

网络营销的本质就是通过各种互联网手段，将企业营销信息以高效的手段向目标客户、合作伙伴、公众等群体传递，因此信息发布就成为网络营销的基本内容之一。互联网为企业发布信息创造了优越的条件，不仅可以将信息发布在企业网站上，还可以利用各种网络营销工具和网络服务商的信息发布渠道向更大的范围传播信息。

4. 销售促进

与传统营销一样，大部分网络营销方法都能直接或间接促进销售。网络营销不仅能够促进线上销售，在很多情况下也能带动线下的销售。

5. 拓展销售渠道

一个具备网上交易功能的企业网站，本身就是一个网上交易场所，网上销售是企业销售渠道在网上的延伸，网上销售渠道建设也不限于网站本身，还包括建立在综合电子商务平台上的网上商店及与其他电子商务网站不同形式的合作等。

6. 客户服务

互联网提供了更方便的在线客服手段，从形式最简单的FAQ(常见问题解答)，到邮件列表，以及聊天室、社交工具等各种即时通信服务，顾客服务质量的好坏对于网络营销的效果具有非常重要的影响。

7. 网上调研

通过在线调查表或者电子邮件等方式，可以完成网上市场调研，相对传统市场调研，网上调研具有高效率、低成本的特点，因此，网上调研成为网络营销的主要职能之一。

网络营销的各种职能之间不是相互独立的,一种职能的发挥可能需要多种网络营销方法的共同使用,同一种网络营销方法也可能适用于多种网络营销职能。

请同学们分别访问淘宝网、故宫博物院官网、58同城,记录它们网站栏目内容的设置,分析网站实现了网络营销的哪些职能,将相关信息填入表1.1.3中。

表 1.1.3 企业网站营销职能分析

网站名称	网站地址	主要业务	网络营销职能

👤 知识拓展

相对于发达国家,我国的网络营销起步较晚,但发展极为迅速。同学们可以扫描二维码了解我国的网络营销的发展史。

我国网络营销
发展史

活动拓展

请分组收集2020年至今网络营销社交移动化阶段有营销力的网络营销事件,并制作PPT进行分享。

活动2 探索网络营销趋势

活动背景

党的二十大报告指出,要加快建设网络强国和数字中国。近年来,新一代信息技术、人工智能赋能互联网营销行业,极大地满足了用户个性化需求和特性化需求。李想关注到故宫博物院始终守正出新,利用H5、AR、VR等技术,推出了《穿越故宫来看你》《数字博物馆》《故宫VR体验馆》《皇帝的一天》等系列网络营销作品,获得巨大关注。创新带来的成功,也让李想认识到,网络营销绝不能墨守成规,只有明晰行业发展趋势才能把握商机。

活动实施

第1步：了解网络营销的发展趋势

市场营销的本质是能够识别并满足消费者的需求。网络营销借助互联网技术能够更清楚、更快速地满足消费者的需求，因此网络营销必然将成为营销的主流方式。那未来，网络营销具体将会如何发展呢？

> 📖 知识窗
>
> 网络营销的发展趋势
>
> 1.内容是网络营销成功的关键
>
> 互联网全面渗透到人们生活中后，我们每天都面对着信息大爆炸的状况。面对无数的营销信息，消费者开始有选择地接受，这就意味着只有小部分优质内容的营销信息才能传递到消费者面前。因此，只有契合用户消费心理、创造真正有吸引力的营销内容才是提升营销效果的关键。
>
> 2.整合营销是网络营销发展的方向
>
> 整合营销，是指将各种不同的传播工具和宣传手段有效地结合起来，并根据市场环境的变化进行同步修正操作，最终品牌方与顾客方在互动中，实现企业增值的理念和方法。由于消费者的媒体接触习惯日趋多元化，企业对营销媒体的选择也日趋烦琐，整合营销能够将多种传播媒体有机结合，避免浪费资源，从而使信息的传播速度、广度、深度和精度达到最佳。
>
> 3.智能营销有望引领网络营销的未来
>
> 随着大数据、人工智能、VR/AR/MR等技术的高速发展，网络营销将会进入新的时代。基于大数据分析，企业可以捕捉用户行为，预测市场消费趋势。根据用户数据分析结果，企业可以实现智能化地为用户推送个性化的营销信息，实现精准、高效的网络营销。而VR、AR、MR技术的加入，掀起了视觉方式的新变革，形成了沉浸式的互动体验，大大提升了用户体验。

🔍 启智探究

> 在任务引例中，故宫博物院文创产品的网络营销实现了哪些平台的资源整合？

➚ 创新风向标

> 联合国推出VR纪录片——《Clouds Over Sidra》，把人们的视角代入一个12岁的约旦女孩，体验其生活的贫穷和艰难。事后，联合国儿童基金会发现，观看VR影片的有1/6的观众进行了捐款，这是传统营销效果的两倍。足见VR营销能够有效地将人们的情感移送到展现的场景中，获得情感上的交融，实现品牌价值的传播。

第2步：提升营销思维

（1）用户思维。在互联网时代，网络营销策划者要以客户为中心，而以客户为中心首先就需要做好用户体验。就拿产品来说，假如一个产品使用十分顺畅，而另外一个产品使用非常麻烦，那所有人肯定都会选择前者，因此，可以说用户体验直接决定了成交量，网络营销人员在策划营销方案时一定要把用户体验做到极致。

（2）数据思维。网络营销的决策是以数据作为依据的，例如投放广告，目标明确地确定好受众之后再进行投放，公司可以通过许多办法来收集数据，了解市场需求，经过分析以后再改进决策。

🚄 行业直通车

淘宝的大数据精准营销

在使用淘宝的时候，许多人都发现了这样一个现象：只要在淘宝上搜索并浏览过某个商品，下次重新打开淘宝之后，就会在首页推荐同一类目下的相关商品，如此智能化的营销方式是通过什么技术来实现的呢？这正是基于大数据技术实现的精准营销。

买家在淘宝上浏览和购买商品时，淘宝的搜索引擎会记录下用户的数据，并给用户打上标签，同时也会根据用户的标签和浏览习惯给曾经浏览的店铺和商品打上标签。根据标签，淘宝就能给用户推荐标签匹配度高的店铺和商品，实现个性化推荐。

（3）互动思维。一起成功的网络营销活动，必须要让用户充分参与互动，通过各种营销平台为企业和用户之间搭建起沟通和交易的桥梁，从而可以按用户的需求及建议来调整营销方向，以达到互动的目的。

🔍 启智探究

阅读以下支付宝集五福的案例营销思维，说说该案例体现了哪些营销思维。

支付宝集五福，是由支付宝举办的新春集五福活动。五福分别为爱国福、富强福、和谐福、友善福、敬业福。集齐五福可合成福卡，分取亿元现金。从 2016 年上线起，该活动每年都吸引了大批的用户参与，成为经典的互动营销案例。其成功的要素主要有以下几方面：

（1）情感联结。活动的宣传口号——"集五福，拼手气分五亿现金"，简洁清晰且能够戳中用户要害的口号是吸引公众关注并参与活动的关键。同时"集五福"能够使人立即将活动与中国年文化这个传统 IP 进行关联，而且五这个数字相对折中，不会令人有或多或少的感觉。"拼手气"显示出了对国人喜爱博弈类游戏的兴趣要素把控，历年在电商互动小游戏和各类大众游戏中博弈类游戏都占有较大的用户比例。

（2）激励机制。"分五亿现金"这种清晰而令人心动的奖金额度是博得关注与刺激参与度的重要因素，奖励规则通过简练的宣传口号便可使用户一目了然——集齐五种福就能领奖，用户的感受没有过于繁复的规则限制，以较低的行动成本便可参与有巨额奖金的活动，门槛阻碍和诱惑力的此消彼长之间便会形成快速的行为决策。

（3）界面设计。支付宝对界面设计中的互动元素和传统年文化审美视觉设计是活动中的一个亮点。先说支付宝选择的"福"字，体现了汉字经历数千年的演变历程，无形中增强了历史文化底蕴的形成，同时也为小范围的话题形成提供了基础。而每年的福卡图像与动画设计都会略有不同，例如 2021 年支付宝与联合国资小新、中国非遗保护协会、中国医师协会等机构设计了更多的不一样的福字（见图1.1.6），为普及民众非遗文化与健康知识出了一份力，从而对活动产生更强的兴趣，也会更乐于分享给亲朋好友。

图 1.1.6　支付宝 "福" 字的设计

第3步：创新实践应用

以互联网强大的后台作为依托，大数据、人工智能等多种技术的加速创新正在重新定义着网络营销模式。数智化营销时代已到来，消费者的需求、注意力，以及品牌跟消费者沟通的方式、沟通的内容都发生了巨大变化。许多互联网企业顺应变化并主动创新，探索出了网络营销的新模式。

🔍启智探究

京东的 GOAL 品牌用户增长方法论

为帮助品牌快速适应多变的数智化消费环境，2020 年 10 月京东营销 360 推出 "京东 GOAL 品牌用户增长方法论"，以用户精细化运营为理念，基于京东数据优势和成熟的大数据能力，帮助品牌更高效地实现用户增长。

京东 GOAL 方法论主要分为 4 步，这 4 步最终形成了一个闭环：谁买我→来买我→多买我→只买我。

请同学们通过互联网找到这关键的 4 步内容，并填入表 1.1.4 的空白处。

表 1.1.4　京东 GOAL 方法论

GOAL 方法论		解决问题	内　　容
G	靶向人群	谁买我	确定目标人群，这些人群主要分为了十大靶向人群，如都市 Z 时代、银发一族……
O			瞄准核心靶群，叠加偏好标签等进行广告投放
A			利用大数据和人工智能技术，对客户未来一年对品牌贡献的总体价值做预测，而从靶向人群中找出高价值人群
L			做品牌会员的招募与运营，提升消费者对品牌的忠诚度

网络营销创意
方法和路径

活动拓展

　　以小组为单位，选定一款家乡特产，通过头脑风暴、比较类推、强制联想等创意方法，以客户体验作为出发点，提出一句创意宣传语。

任务2 ⟩⟩⟩⟩⟩⟩⟩
探索网络营销行业

任务引例

香飘万里促增收

　　近年来，我国电商助农如星火燎原一般，给祖国大地上的农业县带来了希望。新疆巴楚县如何乘借此风势将当地特产留香瓜销售到全国各地，实现当地贫困瓜农保收增收的呢？

　　上海援疆巴楚分指挥部经过前期调研，开始探索电商助农之路。通过援疆项目科学系统化设计，不断完善种植、采收、交易、冷链仓储、销售、物流配送、农业保险、品牌营销等各环节，持续打造一体化的留香瓜产业链，为瓜农铺设发展留香瓜产业助农增收的长远道路。

　　随着巴楚留香瓜产业链的不断完善，瓜农种植兴趣和技术也不断提高，商品品质不断提升，产量飞速增长。但在疫情期间，新疆巴楚留香瓜销售不畅，需要拓展多平台进行网络营销。

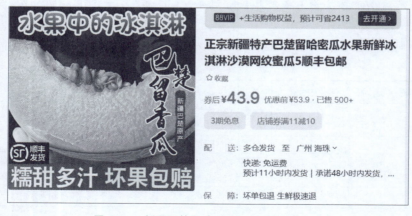

图 1.2.1　新疆巴楚留香瓜在电商平台销售

1.第三方电商平台营销。巴楚留香瓜瓜农、经销商等各类营销人员，依托第三方电商营销平台，快速搭建自己的营销网站（见图1.2.2），借助第三方平台进行商品上架、订单管理、完成在线支付、物流管理等，买卖双方实现安全快速达成在线交易，使产品畅销全国各大城市。

2.短视频平台营销。短视频"短"的特点，在快节奏的生活方式下，尤其受到用户青睐。短视频营销，入驻门槛较低，成本也相对较少。巴楚留香瓜经营者通过不同的短视频营销平台进行"货找人"的营销方式，借助短视频平台的用户标签实现精准营销。营销过程高互动性提升短视频的传播速度和范围，营销数据效果可视化，便于及时做出优化调整。

3.信息流平台营销。信息流广告是伴随着互联网的崛起而产生的新型广告形式。信息流广告是在不经意间将产品展现在用户面前，给用户一种看完之后才发现这是个广告的感觉，与以往的硬性广告不同，避免引起用户的反感。新疆巴楚留香瓜进行信息流平台宣传，增加产品的知名度，通过内容生动形象的广告形式展示出来，让用户印象更加深刻。

分析与启示

我国地大物博，农产品资源各具特色，但受制于地理环境，许多地方特色农产品都面临销售不畅的问题。新疆巴楚的瓜农同样曾经历过，但在党和国家的电商助农政策支持下，营销人员积极拓宽网络营销渠道，通过各大网络营销平台，使留香瓜的品牌被更多的用户所知，使留香瓜销往祖国各大地，实现瓜农增收。目前，对于各大电商平台来说，在线上和流量方面，早已实现全渠道多平台流量覆盖。例如，淘宝通过跟百度、腾讯、抖音等多平台的合作和打通，商家可以实现一站式投放，几乎可以触达中国大多数的网民。

活动1 认识网络营销平台

活动背景

近年来，随着国家乡村振兴战略的全面落实，农村电商发展迅猛。李想所在的公司已响应国家号召，积极参与服务于农村电商企业的多平台网络营销活动。李想发现，许多从事农村电商的企业及个人都会面临网络营销平台的选择难题——哪些平台更适合特色农产品的营销？选对平台才能事半功倍，林经理让李想先仔细研究一下当前主流的网络营销平台。

活动实施

第1步：分析网络营销平台类型

> 📖知识窗
>
> 1.什么是网络营销平台
> 网络营销平台指进行网络营销的承载界面，它由计算机终端、服务器及各种网络设施、软件系统所组成。
> 网络营销平台的功能主要是进行网上调查及信息的发布与交换。

网上市场调查是新型的市场营销调研方式,是根据网民的行为特征及心理进行的产品与服务的需求特征分析。

信息发布是利用个人或公司的信息发布工具,将产品或服务及时进行动态发布,建立虚拟的网上交易市场,或是发布新闻或公司公告,进而起到广而告之的宣传效果。

2.网络营销平台的分类

网络营销活动必须通过网络营销平台来实现。网络营销平台都有哪些类型呢?按照分类依据及方式不同,分类结果也不相同。下面介绍网络营销平台的两种分类方式。

(1)按照网络营销平台构建方式的不同分类

网络营销平台按照平台构建方式不同可以分为企业自建网站与第三方平台两种,两种平台各有优势,具体分析见表1.2.1。

表 1.2.1　企业自建网站与第三方平台的优劣势分析表

类型	优势	劣势
企业自建网站	(1)网站内容、表现形式多样化,有利于提升企业品牌形象; (2)营销方式灵活多变,有利于及时调整企业营销运营方式; (3)目标群体针对性强,有利于提高网站粉丝黏性,提高复购率	(1)网站建设费用较高; (2)对网站维护人员的专业要求也比较高; (3)网络安全隐患相对较大; (4)流量产生成本较高,转化率较低,运营难度较大
第三方平台	(1)对人员要求较低,不需要维护与推广网站; (2)平台自身免费流量,平台有自身的顾客群体,可以通过品牌影响及产品卖点进行引流; (3)平台自带支付系统,安全系数较高; (4)平台自带物流体系或有多方合作的物流公司	(1)营销形式相对固定,难实现差异化营销; (2)平台同质化产品竞争较大,平台带来流量的同时,也存在激烈的竞争,产品卖点不够鲜明,很难脱颖而出; (3)客户黏性低,客户选择平台较多,如京东、淘宝、拼多多,同一平台的同质化产品类型也多

🚄 行业直通车

企业自建营销网站及第三方平台营销网站

华为自建官网:华为自建网站(见图1.2.2)域名是huawei.com,是品牌名称的全拼,符合国人使用习惯,贴合品牌战略,简单容易记。其商业模式是以互联网为载体的新型发展模式,在生产商和消费者之间架起直接交流的桥梁。网页可切换多种语言模式,面向国际,界面简洁,清楚明了。网站能够实现个人及家庭、商用产品的分类销售;客户服务和技术支持;产品开发介绍;关于华为的公司介绍、公司年报、技术专栏、新闻活动等。华为自建的官方网站充分展现了华为公司的品牌形象与公司实力,塑造了品牌价值,并通过优质产品以成功吸引目标用户——"花粉"。这是第三方网络营销平台难以实现的。

图 1.2.2 企业自建网站——华为官网

第三方营销平台:华为公司在第三方网络营销平台京东开设了自营官方旗舰店(见图
1.2.3)。京东平台拥有庞大的浏览量让华为的商品获得更多流量,销售量远超华为官网。同
时,京东专业的维护人员、完善的支付体系、快速的物流配送都为华为的客户提供了极佳的
用户体验,提升了品牌认可度。对于企业来说,第三方平台的流量、技术和服务的成本比自
建网站要低,但同品类竞争激烈。

图 1.2.3 华为京东自营官方旗舰店

(2)按照网络营销类别划分层次的不同分类

网络营销平台按照类别层次的不同,可以划分为以下四大阵营,如图1.2.4所示。

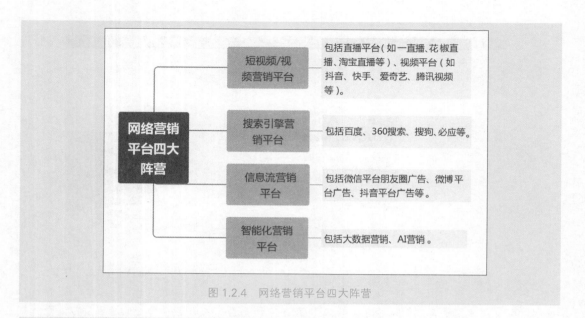

图 1.2.4 网络营销平台四大阵营

试分析案例——香飘万里促增收中, 新疆楚香瓜是通过哪些类别的平台进行营销的, 你认为未来还能够拓展哪些平台?

第2步: 探究网络营销方法

网络推广是保障网络营销效果的关键, 因此网络推广方法也是网络营销的重要组成部分。通过不同的网络营销平台实施网络推广, 就可以形成相应的网络营销方法, 如图1.2.5所示。

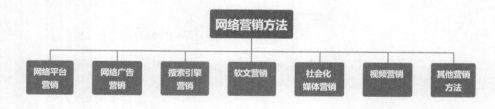

图 1.2.5 网络营销方法

🔲知识窗

网络营销方法

1.网络平台营销

搭建营销型企业网站或者在第三方电子商务平台上开设网店都可以实现网络营销的

功能。

2.网络广告营销

网络广告营销是指运用广告横幅、文本链接、多媒体的方法,在互联网刊登或发布广告,通过网络传递到互联网用户的一种营销方式。

3.搜索引擎营销

搜索引擎营销是指企业或个人根据潜在用户使用搜索引擎的可能方式,将企业的营销信息尽可能传递给目标客户。用户搜索时使用的关键词说明用户对该关键词所代表的产品或问题的关注,企业正是利用这种关注,吸引客户通过点击搜索结果中的链接进入网站,从而实现网络推广。

4.软文营销

软文营销是指通过特定的概念诉求,以摆事实讲道理的方式使消费者走进企业设定的"思维圈",以强有力的针对性心理攻击,迅速实现产品销售的文字模式和口头传播。

5.社交媒体营销

社交媒体营销是利用社会化网络,例如微博、微信、在线社区、百科或者其他互联网协作平台媒体来进行营销的一种营销方法。

6.视频营销

视频营销是指主要基于视频网站为核心的网络平台,以内容为核心、创意为导向,利用精心策划的视频内容实现产品营销与品牌传播的目的。

7.其他营销方法

除了以上方法,还有其他的营销方法,例如电子邮件营销、事件营销、AI营销等。随着互联网技术的发展,新的营销方法也将陆续出现。

📎 **做一做**

试分析每种网络营销方法适用的网络营销平台有哪些,并将分析结果填入表 1.2.2 中。

表 1.2.2　网络营销方法及适用平台

网络营销方法	适用平台
网络平台营销	
网络广告营销	
搜索引擎营销	
软文营销	
社交媒体营销	
视频营销	
其他营销方法	

第3步：选择网络营销平台

面对众多的网络营销平台，企业在做网络营销时到底该如何选择？哪个互联网营销平台更适合自己的企业营销推广呢？选择互联网营销平台应结合图1.2.6所示的四个因素来考虑。

图 1.2.6　选择网络营销平台的因素

 知识拓展

AI 营销怎么玩？
当前许多网络平台都推出了 AI 营销，什么是 AI 营销呢？欢迎同学们扫描二维码学习。

AI 营销怎么玩？

活动拓展

习近平总书记在党的二十大报告中提出要"全面推进乡村振兴"。随着乡村振兴各项举措的落实，现代农业的不断发展，农村涌现出了越来越多区别于传统农民的"新农人"。他们下得了地，赶得了海，还能主动学习新技能，积极拥抱互联网，利用网络营销将地方特色农产品销售到世界各地，带动父老乡亲一同增收致富。

如果你打算毕业后回乡创业，成为"新农人"，你会选择哪些网络营销平台进行产品推广呢？请结合图1.2.6选择三个网络营销平台，并阐述你的理由。

活动 2　体验网络营销岗位

活动背景

在对网络营销及其主要活动有了一定的了解后，李想发现，网络营销工作主要考核的是"软能力"，工作人员的工作能力直接影响网络营销的效果，一个优秀的网络营销人员能够帮助企业精准地建立品牌形象、提高产品销量。那网络营销都有哪些工作岗位呢？这些人员需要具备什么样的个人素质和技能才能更好地实现工作目标呢？

活动实施

第1步：认识网络营销工作岗位职责

随着网络营销行业的发展，企业的网络营销岗位划分明确，岗位职责划分使用也越来越广泛。岗位职责是指一个岗位所需要去完成的工作内容以及应当承担的责任范围，职责是职务与责任的统一，由岗位的授权范围和相应承担的责任两部分组成。下面介绍网络营销的岗位划分，以及不同岗位类型的岗位职责。

将网络营销岗位按照人才类型不同分为三大类型，每一类型的具体岗位见表1.2.3。

表 1.2.3　网络营销岗位类型

岗位类型	具体岗位	工作内容	代表性岗位
网络营销技术类	电子商务平台设计开发	主要从事电子商务平台规划设计、网络编程、电子商务平台安全设计等工作	网站策划、网站编辑人员
	电子商务网站设计	主要从事电子商务网页设计、数据库建设、平台站点管理与技术维护等工作	网站设计、网站开发人员
	电子商务平台美工设计	主要从事平台美观设计、文字处理、颜色处理、图像处理、音频处理、视频处理等工作	网站美工人员
商务类型人才岗位	企业网络营销业务	主要负责利用平台网站为企业开拓网上业务、进行线上销售渠道拓展、线上营销活动策划与执行、网络品牌推广、产品分析、客户分析、竞争对手分析、商品网络销售、客户服务等事项	网络营销专员、网络推广专员、网店运营专员、网店主播
电子商务平台综合管理人才岗位	电子商务平台综合管理	主要从事项目管理工作，是前两类岗位的晋升岗位	电子商务项目经理、网络营销经理

第2步：明确网络营销工作岗位要求

✎ 做一做

企业在招聘人员时会提出明确的任职要求，图1.2.7是某招聘网站上关于三类岗位的招聘案例。请自选招聘网站，在三类岗位中各选择一个代表性岗位，查询该类岗位在学历、工作经验、任职能力方面都要哪些要求，并完成表1.2.4。

表 1.2.4　网络营销岗位调研表

岗位名称	任职要求		
	学历	工作经验	认知能力

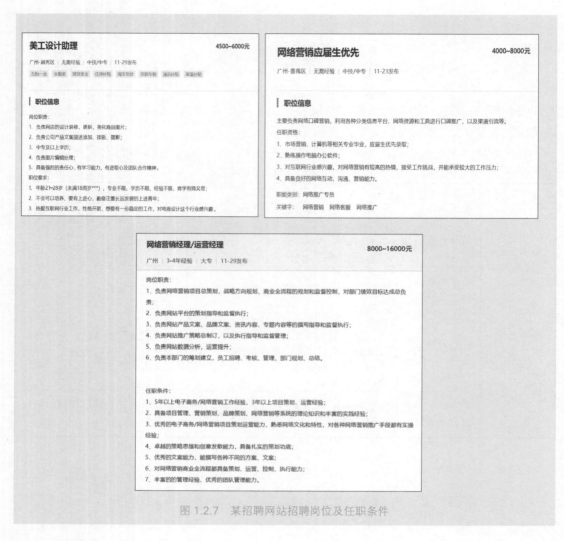

图 1.2.7　某招聘网站招聘岗位及任职条件

第3步：培养网络营销职业素养

通过以上内容的学习，我们了解到，作为企业网络营销部门的工作人员，必须具备一定的专业能力才能胜任。结合网络营销的工作内容，将网络营销人员需要具备的专业能力归纳为6个方面，详见表1.2.5。

表 1.2.5　网络营销人员所需的能力分析表

个人基本素养	岗位从业者首先应当爱岗敬业，诚信友善，遵纪守法；性格开朗，敏感细致；要具有较强的应变能力，同时也应该具备较强的责任心和沟通协作能力；有助于与客户、平台及团队之间的沟通协作； 电子商务行业也具备一定的风险性和不稳定性，需要从业人员有坚定的意志。同时作为网络营销工作人员，需要进行文案的写作，书面及语言表达能力是工作的基础

续表

创新与实践能力	电子商务专业是一个不断发展、持续更新的专业，为了让公司的网络营销策划方案取得预期的成果，网络营销人员还需要有创新能力。网络营销人员还需要在实际工作过程中成长，市场及客户都不是一成不变的，面对瞬息万变的网络市场环境，实践能力也非常重要
资料收集与数据分析能力	网络营销人员的工作包含进行网络调查，其中工作内容包含资料收集与数据分析。开展网络营销活动时，所有重要资料均需要整理归档，以便对营销效果进行分析评估
营销知识与资源利用能力	网络营销人员需要具备一定的网络营销知识，能够利用知识、资金、信息等资源有效开展网络营销活动
计算机使用及网页制作能力	网络营销的工作是以互联网为基础，所以从事网络营销的工作人员还需要具备计算机的基本使用能力，平台维护能力，信息发布中的图片处理能力，对于自建网站的企业，网络营销人员还需要具备网页制作能力
总结与学习能力	网络营销中的复盘工作非常重要，工作人员还要学会对所做方案的优点与不足之处进行总结，这样可以让优势更加明显，对不足之处进行学习提升，使理论与实践相结合。互联网在不断地发展变化，这要求网络营销人员还要具有终身学习的能力

✎ 做一做

　　参照网络营销人员所需的能力分析表，进行个人能力分析，结合网络营销岗位要求，分析自己的优势与不足之处，制定一个切实可行的自我能力提升方案。

👨‍🏫 知识拓展

　　互联网营销师是人社部向社会发布的新职业。如果你也希望成为一名互联网营销师，那就扫描二维码来了解一下吧。

新职业——
互联网营销师

活动拓展

　　互联网营销师需要具备哪些岗位能力？

项目检测

1.单选题

(1)网络营销是以( )为基础,利用数字化的信息和网络媒体的交互性来辅助营销目标实现的一种新型的市场营销方式。

    A.互联网   B.市场营销

    C.用户体验   D.信息技术

(2)以下哪个不是网络营销的环节?( )

    A.市场调查   B.销售策略

    C.售后服务   D.生产管理

(3)关于网络营销,以下说法错误的是( )。

    A.网络营销等于网络推销   B.网络营销不是孤立存在的

    C.网络营销不等于电子商务   D.网络营销是在互联网上开展的营销活动

(4)网络营销的优势不包括( )。

    A.传播速度快、范围广   B.传播速度快

    C.针对性强   D.变化灵活、成本高

(5)以企业网站建设为基础,通过一系列的推广措施,达到顾客和公众对企业的信任和认可,体现了网络营销的哪个职能?( )

    A.树立品牌   B.网站推广

    C.销售促进   D.客户服务

(6)我国的网络营销大致可分为( )个阶段。

    A.3   B.4   C.5   D.6

(7)以下关于网络营销发展的趋势说法正确的是( )。

    A.网络营销能够成为营销的主流方式是因为它能借助互联网更快速地推销商品

    B.创造真正有吸引力的营销内容是提升网络营销效果的关键

    C.在网络营销中应该尽可能使用集中的传播手段

    D.大数据分析技术在目前还没有应用到网络营销中

(8)将各种不同的传播工具和宣传手段有效地结合起来,并根据市场环境的变化进行同步修正操作,最终品牌方与顾客方在互动中实现企业增值的理念和方法的营销方式是( )。

    A.整合营销   B.智能营销

    C.事件营销   D.内容营销

(9)以下关于网络营销的说法,正确的是( )。

    A.网络营销要以产品为中心,围绕产品的优势开展营销

    B.企业可以通过收集数据来了解市场需求,并以此作为营销决策的依据

    C.网络营销强调单向传播,用户无须参与

    D.网络营销人员在策划营销方案时首要关注的是企业的需求

(10)下列不属于第三方电商平台的是( )。

A.京东商城　　　　　　　　　　B.淘宝

C.华为官网　　　　　　　　　　D.速卖通

(11)微信朋友圈广告属于以下哪种网络营销阵营?(　　)

A.短视频/视频营销平台　　　　B.搜索引擎营销平台

C.信息流营销平台　　　　　　　D.智能化营销平台

(12)常见的网络营销方法不包括(　　)。

A.网络平台营销　　　　　　　　B.网络广告营销

C.搜索引擎营销　　　　　　　　D.地铁广告营销

(13)选择互联网营销平台应需要考虑的因素中不包括(　　)。

A.客户偏好　　　　　　　　　　B.营销人员偏好

C.平台流量　　　　　　　　　　D.自身经济实力

(14)网络营销专员属于以下哪一类型岗位?(　　)

A.技术类人才岗位　　　　　　　B.商务类人才岗位

C.综合管理类人才岗位　　　　　D.行政类人才岗位

(15)互联网瞬息万变,要让公司的网络营销策划方案取得预期的成果,网络营销人员还需要有(　　)。

A.创新能力　　　　　　　　　　B.分析能力

C.表达能力　　　　　　　　　　D.总结能力

2.简答题

(1)什么是网络营销?它还有哪些同义词?

(2)网络营销和传统营销的区别有哪些?

(3)网络营销的主要职能有哪些?

(4)作为新手,要策划一起网络营销活动,需要具备哪些基本营销思维?

(5)网络营销人员应具备的能力素养有哪些?

3.案例分析

支付宝集五福营销案例

支付宝集五福,是由支付宝举办的新春集五福活动。五福分别为爱国福、富强福、和谐福、友善福、敬业福。集齐五福可合成福卡,分取亿元现金。从活动上线起,每年都吸引了大批的用户参与。敬业福是历年来活动中较为稀缺的"卡片"类型,充分利用"饥饿"效应刺激用户反复使用支付宝和电商平台的功能,再通过活动中奖金、游戏操作、抽奖激励、玩家互动、视觉设计风格、舆情导向、传统文化IP、情感寄托等要素,以实现支付宝营销目的。

支付宝还借助中国传统年文化的IP与社会公益的结合,推出沾福气卡和花花卡,沾福气是在文化基础上拓展出更多用户间的互动沟通,而花花卡则是全年都还花呗的"贴心奖",能加强金融平台贷款用户好感度和对产品的依赖感。

阅读案例,回答下列问题。

(1)在支付宝集五福中,利用"敬业福"的稀缺让用户和平台之间互动的目的是什么?

(2)支付宝集福活动推出的沾福气卡和花花卡的作用是什么?

项目 2
开展网络市场调研

项目综述

随着网络经济时代的到来，网络营销作为一种新兴的市场营销方式，正在经历着前所未有的机遇和挑战。面对巨大的网络市场，企业只有做到知己知彼，方能百战不殆。这就要求企业在开展网络营销活动时要做好网络市场调研，没有调研就没有发言权，就无法掌握真实的市场情况。网络市场调研就是利用互联网技术搜集、整理和分析各种营销相关信息，通过网络市场调研，企业可以获得网络营销环境、竞争对手、市场需求等方面的信息，调整网络营销方向，制定相应的网络营销策略。

项目目标

通过本项目的学习，应达到的具体目标如下：

素质目标
◇培养对商业市场的洞察力和敏感度；
◇养成缜密严谨、求真务实的数据处理态度；
◇遵守与网络调研有关的法律法规。

知识目标
◇掌握网络市场调研的相关概念；
◇掌握制订调研计划的步骤；
◇掌握调查问卷的概念和结构；
◇熟悉调查问卷的设计原则；
◇了解数据分析和处理的方法；
◇掌握调研报告的基本结构和要求。

能力目标
◇能设计完整的在线调查问卷；
◇能收集问卷数据，并进行简单的数据分析与处理；
◇能根据调研数据撰写调研报告。

□ **思维导图**

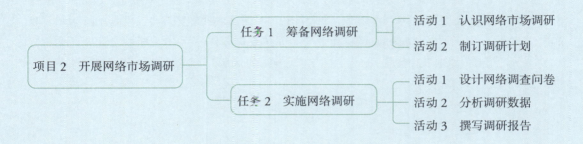

任务1 》》》》》》》
筹备网络调研

任务引例

互联网助力企业发展，新型消费持续壮大

当前，随着互联网技术的不断革新和发展，互联网与传统产业融合更加广泛深入，持续推动我国企业创新发展。同时，伴随我国多层次资本市场体系改革完善，国家反垄断监管不断加强，进一步优化有利于中小企业发展的市场环境，为中小企业可持续发展奠定坚实基础。

截至2023年12月，我国网民规模达10.92亿人，较2022年12月新增网民2480万人，互联网普及率达77.5%。相关数据显示，我国经济总体回升向好态势持续巩固，互联网在加快推进新型工业化、发展新质生产力、助力经济社会发展等方面发挥重要作用。

2023年，我国互联网应用持续发展，新型消费潜力迸发，数字经济持续发展，助推我国经济回升向好。一是文娱旅游消费加速回暖。以沉浸式旅游、文化旅游等为特点的文娱旅游正成为各地积极培育的消费增长点。截至12月，在线旅行预订的用户规模达5.09亿人，较2022年12月增长8629万人，增长率为20.4%。二是国货"潮品"引领消费新风尚。国货"潮品"持续成为居民网购消费重要组成。近半年在网上购买过国货"潮品"的用户占比达58.3%；购买过全新品类、品牌首发等商品的用户占比达19.7%。

资料来源：中国互联网络信息中心《第53次中国互联网络发展状况报告》

分析与启示

从项目1的学习中，我们可以知道网络营销的起点是客户的需求，因此网络营销的第一步就是进行市场调研以"倾听"目标客户的需求。从《第53次中国互联网络发展状况报告》中，我们可以看出，市场调研是一个非常专业的工作，一般需要委托专业机构进行，专业机构会运用科学的方法，系统地、有目的地收集、整理、分析所有与市场有关的信息，为企业经营者提供相对准确的决策依据。

活动1　认识网络市场调研

活动背景

网络经济时代充满了机遇和挑战，市场环境变幻莫测，市场竞争异常激烈，企业想要从中求得生存，谋得发展，可以通过网络市场调研获取市场信息，了解市场风向，掌握主动权。那么，什么是网络市场调研？网络市场调研该如何实施？林经理建议李想从网络市场调研报告入手。

活动实施

第1步：认识网络市场调研

回 知识窗

什么是网络市场调研？

1.网络市场调研的概念

网络市场调研是指基于互联网技术，运用科学的方法系统地收集、整理、分析和研究营销信息的过程。它为企业制订网络营销决策提供数据支持。网络市场调研有两种方式，一种方式是利用互联网直接收集原始数据的过程，称为网络直接调研。常用的方法包括在线问卷调查法、专题讨论法、网上观察法和网上实验法等。另一种方式是利用互联网收集二手数据的过程，称为网络间接调研。常用的方法包括利用搜索引擎检索信息、访问相关网站搜集信息、利用数据库查找信息、利用公告栏查找信息等。

2.网络市场调研的特点

相对传统的市场营销调研而言，网络市场调研主要有以下特点：

（1）高效性。互联网上信息容量大，信息传播速度快，可以通过搜索引擎快速收集到二手资料；还可以利用网络平台制作和发布在线问卷，问卷发布后再根据问卷的回答情况及时调整问卷的相关内容，问卷回收后可以即刻生成数据的分析、汇总和统计结果。

（2）低成本。相较于传统调研，实施网络市场调研成本较低。网络市场调研只需要一台能接通网络的电脑或手机即可，通过站点发布在线调查问卷，无须印刷和邮寄问卷，网络用户自愿参与填写；参与人员不受地域和时间的限制，大大节省了调研费用；调研过程中最繁重、最关键的信息采集和录入工作可以在众多网上用户终端上完成,调研者可以不间断地接受调研表的填写;信息的检验和处理完全由计算机来完成,无须配备专门的人员,在降低调研费用的同时,也提高了调研资料统计的准确性。

(3)交互性。传统调研一般是提供固定的问卷,这会影响被调研者的意见无法充分表达。而网络市场调研则体现了及时交互性——开展在线问卷调查时,被调查对象可以及时就问卷相关问题提出自己的看法和建议,调研人员可以根据这些看法和建议及时调整问卷,减少因问卷设计不合理导致调查结论的偏差。

(4)低可控性。开展网络市场调研,样本选择的代表性难以进行有效控制,无法检验被调查对象的真实性,无法明确网络后面人的真实性,甚至可能出现一个人多次填写同一个问卷的现象,这样会导致调研结果可信度降低。

第2步:下载市场调研报告

访问中国互联网络信息中心网站,下载最新一期的中国互联网络发展状况报告。下面以《第53次中国互联网络发展状况报告》为例演示下载过程。

(1)百度搜索"中国互联网络信息中心"或"CNNIC",进入官网首页,如图2.1.1所示。

图 2.1.1　中国互联网络信息中心首页

(2)选择"互联网发展研究"栏,找到最新一期统计报告(图中的《第53次中国互联网络发展状况报告》),点击该报告(见图2.1.2)。

图 2.1.2　"互联网发展研究"栏

（3）进入最新一期统计报告（《第53次中国互联网络发展状况报告》）页面，找到页面下方的"报告全文下载"，点击右边的报告名称（《第53次中国互联网络发展状况报告》），将报告下载到客户端。

第3步：阅读调研报告

以小组为单位，阅读所下载最新一期的中国互联网络发展状况报告，填写表2.1.1。

表 2.1.1　最新一期中国互联网络发展状况报告的核心数据表

类型	数据	与上一年的对比
网民规模 / 亿		
农村网民规模 / 亿		
手机网民规模 / 亿		
手机上网比例 /%		
即时通信用户规模 / 亿		
网络支付用户规模 / 亿		

▣ 知识窗

网络市场调研哪些信息？

网络市场调研的内容主要包括市场环境、市场需求与供给、营销因素和市场竞争等方面。

1.市场环境的调查

市场环境的调查主要包括经济环境、政治环境、社会文化环境、科技环境、自然地理环境等方面。具体体现为市场的购买力水平、经济结构、国家的政策方针和法律法规、风俗习惯、科技动态、气候变化等各种影响市场营销的因素。

2.市场需求与供给调查

市场需求调查主要包括消费者的产品需求、收入和消费结构、消费者消费行为调查，如消费者为何购买、购买偏好、购买方式和频率、购买数量和时间、购后评价等。市场供给调查包括产品生产能力调查、产品实体调查等。如某一产品市场可以提供的产品数量、质量、功能、型号等，生产供应企业的情况等。

3.市场营销因素调查

市场营销因素调查主要包括产品、价格、渠道和促销四个方面的调查。如市面上新产品的开发情况、消费者使用的情况、产品所处的生命周期、产品的组合策略；市场上消费者对价格策略的反应；渠道的结构、中间商的情况；各种促销活动的效果等。

4.竞争对手情况调查

竞争对手情况调查主要包括对竞争企业的调查和分析，具体表现为对同类企业的产品、价格、促销方式等营销策略的了解和分析。

【思行园地】

竞争对手调研的隐私保护

在竞争对手调研过程中，如果调研人员或参与者在未经授权的情况下泄露商业机密，这是一种严重的违法行为。商业机密是企业的重要资产，包括技术信息、客户信息、市场策略、财务数据等，这些信息的泄露可能会对企业的竞争力、市场份额和经济效益产生重大影响。

假设某公司（A公司）正在进行一项针对其主要竞争对手（B公司）的市场调研。为了获取尽可能多的信息，A公司派遣了一支由多个员工组成的团队进行深入调查，包括访问B公司的网站、社交媒体平台、与客户交流等。在这个过程中，一些A公司的员工可能无意中拍摄到了B公司的内部文件、会议记要或其他敏感信息，并将这些信息带回了A公司。

如果这些员工没有受到充分的保密培训，或者A公司没有实施严格的保密措施，这些信息可能会被不当使用甚至泄露给外部第三方，如行业内的其他竞争者或个人。一旦这些信息被泄露出去，A公司和其相关员工则可能因泄露商业秘密而承担法律责任。

因此为了保障数据安全，市场调研公司需要遵守相关的法律法规政策，如《中华人民共和国网络安全法》《中华人民共和国个人信息保护法》《中华人民共和国民法典》等。这些法律法规政策规定了市场调研公司在收集、处理、存储和传输数据时，应当遵循合法正当、明确目的、最小必要、公开透明等原则，保障数据主体的知情权、选择权、变更权、删除权等权利，防止数据的泄露、篡改、损毁等风险。

知识拓展

网络分析调研报告怎么找？

作为一个网络调研人员，经常需要搜集大量的数据和资料，那这些数据和资源可以通过哪些平台收集呢？欢迎同学们扫描二维码学习。

网络分析调研报告怎么找？

活动拓展

请小组合作找到三年内与农村电商发展相关的调研报告,并将关键数据提炼出来制作成主题为《中国农村电商发展情况》的PPT进行分享。

活动2　制订调研计划

活动背景

通过学习,李想已经了解了网络市场调研的概念、特点和内容,也学会了如何上网查找、下载相关数据,但在开始市场调研前,李想还需要了解网络市场调研的方法和工具,熟悉网络市场调研的步骤,以便后续调研工作能顺利开展。

活动实施

第1步:选择调研方式

知识窗

网络市场调研的方式有哪些?

开展网络市场调研可以采用的方法有两种,一种是网络直接调研,另一种是网络间接调研。

1.网络直接调研

利用互联网直接收集原始数据的过程,称为网络直接调研。网络直接调研收集到的原始数据也称一手数据,是为特定研究专门收集的数据,当二手数据不能满足研究需要时才考虑专业收集一手数据。

根据采用调查的方法不同,网络直接调研可以分为在线问卷调查法、专题讨论法、网上观察法等。按网上调查采用的技术不同,网络直接调研可以分为站点法、电子邮件法、随机IP法和视讯会议法等。实施调研时,企业既可以利用自身网站开展调研,也可以借用第三方网站进行调研活动。

2.网络间接调研

利用互联网收集二手数据的过程,称为网络间接调研。二手数据是指为其他目的而不是当前开展的特定研究已经收集的数据。二手数据可以大大节省数据收集的成本和时间,因此,开展网络市场调研时一般要尽量利用已有的二手数据。二手数据的来源包括企业内部信息源和企业外部信息源两个方面。与市场有关的企业内部信息源,主要是企业自己收集、整理的市场信息、企业产品在市场销售的各种记录、档案材料和历史资料。

网络间接调研方法一般是指通过搜索引擎搜索有关站点的网址,然后访问所想查找信息的网站或网页。在提供信息服务和查询的网站中,网站一般都提供有信息检索和查询的功能。常用的方法包括利用搜索引擎检索信息、访问相关网站收集信息、利用数据库查找信息、利用公告栏查找信息等。

　　问卷星是常用的网络直接调研工具，下面请同学们访问问卷星网站，了解问卷的编辑和发布流程。

　　（1）百度搜索"问卷星"，点击进入问卷星首页，并登录账号，如图2.1.3所示。

图 2.1.3　问卷星首页

　　（2）进入创建问卷页面，点击左上角"＋创建问卷"，如图2.1.4所示。
　　（3）登录后，进入创建问卷页面　选择应用场景，如图2.1.5所示。

图 2.1.4　创建问卷

图 2.1.5　选择应用场景

　　（4）编辑问卷标题，如图2.1.6所示。

图 2.1.6　编辑问卷标题

（5）编辑问卷内容，如图2.1.7所示。

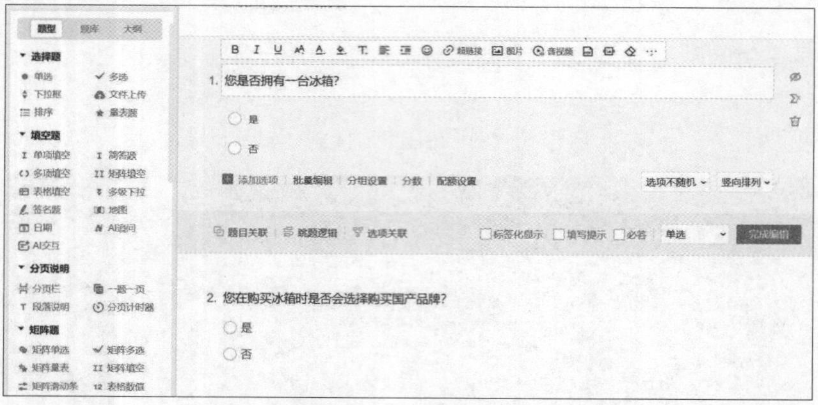

图 2.1.7　编辑问卷内容

（6）点击"添加问卷说明"菜单，在问卷说明处添加调查问卷前言，如图2.1.8所示。

图 2.1.8　问卷填写说明

（7）完成问卷编辑后，点击"发布此问卷"，如图2.1.9所示。

图 2.1.9　发布问卷

第2步：明确网络市场调研的步骤

□ 知识窗

网络市场调研分几步走？

与传统调研一样，开展网络市场调研也需要遵循一定的方法和步骤，确保调研工作的顺利开展。一般来说，开展网络市场调研时应经历以下5个步骤，如图2.1.10所示。

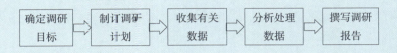

图 2.1.10　网络市场调研的步骤

1.确定调研目标

"良好的开端是成功的一半。"网络市场调研工作的每一个步骤都非常重要，其中最重要的就是调研目标的确定。在开展网络市场调研之前需明确调研的目标是什么。一般而言，调研目标包括挖掘客户需求、发现产品存在的问题和原因、分析竞争对手的优劣势等。只有明确了调研目标，确定了调研对象，才能看清整个调研工作的方向。通常来说，调研对象主要是产品的消费者或企业的竞争者两类。

2.制订调研计划

明确了调研目标之后，接着制订具体可行的调研计划，具体包括确定数据来源、调研方法、调研工具、抽样方案等。

（1）数据来源：确定收集的是一手数据还是二手数据，还是兼而有之。

（2）调研方法：确定采用网络直接调研或网络间接调研。

（3）调研工具：可以采用搜索引擎、电子邮件、在线问卷、论坛、专业网站等多种技术。

（4）抽样方案：确定抽样单位、样本规模和抽样方法。抽样单位是抽样过程中某一阶段可供抽取的基本单位。样本规模是指要抽取的个体的数量，也称样本量。抽样方法分为非概率性抽样和概率性抽样两种，常用的非概率性抽样方法包括便捷抽样、判断抽样、配额抽样和滚雪球抽样等；常用的概率性抽样方法包括随机抽样、系统抽样、分层抽样、整群抽样和区域抽样等。

3.收集有关数据

在调研计划确定后，调研人员便可根据计划要求进行数据收集。为了提高调研效率、降低成本和节省时间，收集数据时首先考虑在互联网上收集有效的二手数据，只有当二手数据不能满足研究需要时才考虑通过在线问卷调查等方法收集原始数据。与传统的调研方法相比，网络调研收集和录入信息更方便、快捷。

4.分析处理数据

收集到的数据只有经过分析处理才会变得有意义，调研人员如何从数据中提炼出与调研目标相关的信息，直接影响到最终的结果。因此，调研人员的数据分析能力至关重要。目前较为通用的分析处理数据的统计软件包有SPSS、SAS、Stata等,常用的数据分析技术包括交叉列表分析技术、概括技术、综合指标分析和动态分析等。

5.撰写调研报告

调研报告研究结果是网络市场调研活动的最后一个阶段,也是非常重要的一个阶段。调研报告不是数据和资料的简单堆砌,好的调研报告能准确地回答管理人员关心的问题,并提出有效的解决方案,而不是把大量的数字和复杂的统计技术扔到管理人员面前,否则就失去了调研的价值。正确的做法是把与市场营销关键决策有关的主要调查结果报告出来,并以调查报告所应具备的正规结构写作。同时,撰写报告时应遵循及时、完整、客观、准确、清晰、简洁、专业的原则。

【思行园地】

一个企业委托某一调研机构和人员进行市场调研,就表示对此机构和人员的充分信任。但是在实际调研中,会发现存在"逆向调研"的怪现象,即先写好调研报告,根据报告"量身定做"问卷,再去找例证。这样一来,省时、省力又省心,成了某些调研人员的"绝招"。但这样的虚假调研报告往往会导致委托方做出错误的投资决策,有可能带来巨大的经济损失。

习近平总书记强调:"调查研究是谋事之基、成事之道。没有调查就没有发言权,没有调查就没有决策权。"一语不能践,万卷徒空虚。党的二十大报告强调,要弘扬党的光荣传统和优良作风,促进党员干部特别是领导干部带头深入调查研究,扑下身子干实事、谋实招、求实效。作为市场调研人员,同样需要具备高度的责任心和职业道德,遵守调研规范和伦理准则,确保调研数据的真实性和准确性。

做一做

某公司近期A产品的销量下滑,为了寻求解决方案,计划开展一次网络市场调研。请你根据知识窗所学内容,思考下列工作内容属于网络市场调研的哪些步骤,填写在表 2.1.2 中。

表 2.1.2　网络市场调研步骤分析表

工作内容	调研步骤
到两个竞争对手的网站了解相关信息	
采用在线问卷调查收集信息	
利用 Excel 的 Data 功能分析数据	
确定样本规模	
确定在问卷星上发布问卷	

📎 做一做

> 　　龙泉驿区拥有 10 万亩耕地的水蜜桃,已出口到东南亚、欧美等 20 多个国家和地区,在国内率先建成了国际标准的水蜜桃种植基地,从而成为国内唯一一个出口水果无须国际二次认证的水果产地。但是,近两年来,素有"天下第一桃"美誉的龙泉水蜜桃却出现了滞销的现象。请以小组为单位,利用所学知识,制订一个关于水蜜桃滞销问题调查的网络市场调研计划。

第3步:依法客观获取数据

🔍 启智探究

> 　　A 公司正在开展一项关于消费者满意度的网络市场调研,回收问卷后发现其中有一百多份表示"不满意"的答卷,均反映产品质量问题。调研人员删掉了这部分答卷,调研结果显示:公司产品没有质量问题,消费者满意度为 100%。结合所学知识,说一说 A 公司调研人员的行为是否恰当,为什么?

　　近年来,市场调研数据的合法性和公正性都备受关注,网络调研人员在收集数据时务必做到以下两点:

　　(1)数据获取途径应合法合规。一般来说,相对于通过政府部门和行业协会发布的数据,商业性的数据获取容易但成本较高。同时,出于安全考虑,许多企业在提供企业内部数据的时候会有所保留,甚至有附加保密条件,调研人员在获取数据时一定要认真遵守。任何通过不正当手段获取竞争对手内部数据或消费者个人信息的行为都是不道德的,也是违法的。在进行数据收集时一定要通过合法合规的途径获取数据,不可逾越底线。《中华人民共和国消费者权益保护法》《中华人民共和国网络安全法》均强调经营者、网络运营者"收集、使用个人信息,应当遵循合法、正当、必要的原则"。

　　(2)在数据准备过程中应避免先有结果后有数据。在数据准备过程中最常见的职业道德问题,是为了得到预期的结果而进行有选择性的删除或篡改数据。使用经篡改、美化过的数据分析出来的结果是毫无用处的。在开展网络市场调研过程中,为了避免这些问题,收集数据时既要注意多种方法的相互补充,又要注重信息收集方法的搭配组合,剔除不合格问卷和变量的标准应当事先确定,尽量避免在数据分析后又对数据进行"调整",整个数据处理过程应当透明、客观,全程有翔实准确的记录,确保所收集数据的真实性。

知识拓展

非法获取个人信息会受到法律严惩,请同学们扫描二维码学习相关案例。

首例在华外国人非法获取公民个人信息案

活动拓展

小组讨论并分享在市场调研时应该遵循哪些职业道德。

任务2 〉〉〉〉〉〉〉
实施网络调研

任务引例

某大型家电公司在国家推行家电下乡补助政策时,专门推出了一款面向乡镇市场的子品牌冰箱,因价格便宜,适用农村市场,当年销售额大增。但随着政策补助的取消,该款冰箱如果继续低价销售,肯定赔钱。价格上调,价格优势就没有了,销量堪忧。所以,该品牌只能转型。

"如何把自己的冰箱品牌改造成面向年轻人的潮流品牌?"是该公司市场部门面临的难题。而市场调研者需要把抽象问题转化为具体问题,也就是将"如何把自己的冰箱品牌改造成为年轻人的潮流品牌?"翻译为三个具体问题:"年轻人的生活形态和审美标准是什么?""年轻人认为的好冰箱是什么样子的?""年轻人认为的潮流品牌具备什么特点"。而以上三个问题的答案正是这次调研的目标。

公司市场部通过大规模的在线网络调研,获取消费者一手信息。发现一线城市年轻人的住房面积小,厨房大多是开放式的,冰箱是否能融入客厅很关键,同时消费者需求多元化,以前为储存食物,现在储存面膜等。因此,该公司设计一款能融入年轻人客厅的冰箱,功能极简,将智能部分交由手机控制。该产品上市后受到了年轻消费者的追捧,成功实现了品牌转型。

分析与启示

在该冰箱的转型之路中我们不难发现,市场调研是企业营销过程中非常重要的环节,没有调研就没有发言权,就无法掌握真实的市场情况。市场调研是发现顾客需求、获取竞争对手资料、了解市场环境的最佳方法,为企业进行市场细分、识别顾客需求、确定营销目标等重大决策提供依据。随着互联网技术的发展,网络问卷调查成为目前较为多用的一种问卷调查方式。网络问卷调查突破了地域的限制,可以实现跨地区,甚至跨国家的数据收集;另外,网络问卷调查相比纸介质问卷调查成本大大降低,既节省了纸张和印刷等实体资源,更节省了人力成本,在后期数据的整理和分析时,也大幅提高了处理效率。

活动1 设计网络调查问卷

活动背景

为了更好地迎合年轻消费者的需求，A冰箱品牌准备对产品的性能进行升级，因此A公司委托李想所在公司对冰箱产品的性能进行消费者的需求调查。经历了前期的学习后，林经理给李想布置了在市场部实习的第一项正式工作——利用问卷星设计并发放关于冰箱性能的调查问卷。面对这项新工作，李想既跃跃欲试又有些彷徨。在学校里的学生工作中，李想也曾经设计过一些调查问卷，他知道问卷设计看似简单，但其中暗含玄机。李想摩拳擦掌，暗下决心一定要完成好这项工作。

活动实施

第1步：确定问卷调查的目的

回 知识窗

如何明确网络问卷调查的目的？

网络问卷调查是指将调查问卷投放在合适的网站上，请求调查对象在线填写的过程。网络问卷调查法是最常用的网络调研方法之一，因其调查成本低廉、快速收集数据、填写方便快捷、智能互动答卷等优点而被广泛应用。

网络问卷调查法是指通过统一设计的在线调查问卷向被调查者快速了解情况或征询意见，一般来说，网络在线问卷调查的目的有以下三类：

(1)通过问卷了解用户态度、行为、习惯等；

(2)用于产品和市场的用户、满意度、品牌等调查；

(3)用于开展学术、专题等专业的问卷研究工作。

在线调查问卷一般包含三个部分：标题及标题说明、问卷主体、结束语。标题及标题说明主要包括调查的目的、意义及简单的内容介绍和问卷填答说明等，一般在问卷的开头。如图2.2.1所示。

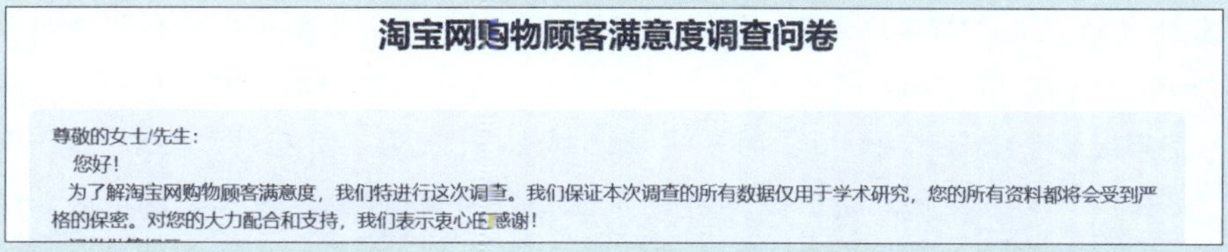

淘宝网购物顾客满意度调查问卷

尊敬的女士/先生：
您好！
为了解淘宝网购物顾客满意度，我们将进行这次调查。我们保证本次调查的所有数据仅用于学术研究，您的所有资料都将会受到严格的保密。对您的大力配合和支持，我们表示衷心地感谢！

图 2.2.1 在线问卷的标题及标题说明

请同学们仔细分析A品牌进行冰箱性能调查的目的，然后进入问卷星创建问卷后，点击"添加问卷说明"菜单，进行封面设置，包括设置问卷头图、问卷说明和问卷时间等，如图2.2.2所示。

图 2.2.2　填写问卷星"问卷说明"

第2步：设计在线问卷的问题

□ 知识窗

设计问题时应遵循哪些原则？

问卷中的问题是问卷设计的核心部分，从结构和答案的形式来看，可以分为开放式问题、封闭式问题和混合型问题三类。设计在线问卷问题时，设计者应当遵循以下几个原则：

1.紧扣主题

问卷中的题目及备选答案应该紧扣主题，拟题时应从实际出发，明确调查目的，突出重点，不要出现与主题无关的问题或可有可无的问题，要注意质与量的平衡。

2.结构合理

问卷内容要做到层次分明，问题的排列应符合一定的逻辑顺序，避免大幅度的思维跳跃。一般来说应是先简后繁、先易后难、先具体后抽象、先封闭式后开放式。同一主题相关的所有问题应当放在一起，在设计具体问题时可先列出问题大纲，这有助于使问卷的结构更加合理，思路更加清晰。此外，备选答案的先后顺序也要有逻辑性，否则会影响调查结果。一般来说，靠前的选项容易被选中。

3.通俗易懂

问卷的表达应力求简单、易懂、易答，让人一目了然。问题的表述应符合调查对象的理解能力和认知能力，避免出现专业术语或生僻词汇。问题的措辞要明确，避免引起歧义。例如"您是否经常去电影院看电影"的表达就不够清晰，因为不同人对"经常"这个词的理解是有差异的。此外，还应避免出现具有诱导性或倾向性的问题。例如"您认为购物时我们必须购买国产品牌吗？"这样的问题具有很强的诱导性，调查者很难通过这样的问题了解到调查对象的真实想法。

4.控制长度

问卷的设计要充分考虑被调查者的耐心和时间成本，答卷时间应控制在20分钟以内，最好控制在10~15分钟，题量适度，做到既不浪费一个问题，也不遗漏一个问题。

5.便于统计

　　设计问卷时要充分考虑到问卷的填答、编码、录入、分析等相关工作要求，不要贪图省事，给后续的统计工作带来麻烦。多设计封闭式问题，少设计开放式问题，多设计事实性问题，少设计主观性问题，便于后续的数据统计处理。

🔍启智探究

　　李想在学习了调查问卷的设计原则后，设计了以下的调查问题，请你结合所学知识，思考：这份问卷是否违反了设计原则？该如何修改？

冰箱产品性能调查问卷

1.您的性别？（　　　）

A. 男　　　　　　　　　　B.女

2.您是否拥有一台冰箱？（　　　）

A. 是　　　　　　　　　　B.否

3.您认为购买冰箱时我们必须购买国产品牌吗？（　　　）

A. 是　　　　　　　　　　B.否

4.您购买冰箱的主要考虑因素是什么？（可多选）（　　　）

A. 价格　　　　　　　　B.外观设计　　　　　　C.容量大小

D. 能耗节能　　　　　　E.品牌知名度

F. 其他（请填写）　＿＿＿＿＿＿＿＿＿＿

5.您认为年轻人对冰箱的需求有哪些特点？（可多选）（　　　）

A. 外观时尚、个性化　　　　B.容量适中，适合小家庭

C. 智能化、可联网　　　　　D.能耗低、环保

E. 多功能、多储藏空间

F. 其他（请填写）　＿＿＿＿＿＿＿＿＿＿

6.您对目前市面上的冰箱产品是否满意？（　　　）

A. 非常满意　　　　　　E.满意　　　　　　　　C.一般

D. 不满意　　　　　　　E.非常不满意

7.您认为什么因素会影响您对冰箱品牌的选择？（可多选）（　　　）

A. 产品性能　　　　　　　B.售后服务

C. 价格　　　　　　　　　D.外观设计

E. 品牌形象

F. 其他（请填写）＿＿＿＿＿＿＿＿＿＿

8.您认为面向年轻人的潮流冰箱应具备哪些特点？（可多选）（　　　）

A. 时尚的外观设计　　　　B.多样化的颜色选择

C. 智能化的功能　　　　　D.可以与手机或其他设备联网

E. 能耗低、环保

F. 其他（请填写）_____

9. 您是否愿意参与冰箱品牌改造的设计活动，提供您的意见和建议？（　　）

A. 否 　　　　　　　　　　　　　B. 是

10. 您希望冰箱内部的储藏空间是什么样的？（可多选）（　　）

A. 多层抽屉设计 　　　　　　　　B. 可拆卸的储物格

C. 可调节的储物架 　　　　　　　D. 内部照明设计

E. 其他（请填写）_____

11. 您对以下哪种颜色的冰箱更感兴趣？（　　）

A. 纯白色 　　　　　　　　　　　B. 不锈钢色

C. 黑色 　　　　　　　　　　　　D. 亮色（如红色、蓝色等）

E. 其他（请填写）_____

12. 您认为哪些途径可以更好地吸引年轻人购买冰箱？（可多选）（　　）

A. 在社交媒体上进行宣传 　　　　B. 与时尚潮流品牌合作

C. 举办线上或线下的活动 　　　　D. 推出限量版或特别版冰箱

E. 其他（请填写）_____

13. 您对以下哪种功能最感兴趣？（　　）

A. 冷藏室温度可调节 　　　　　　B. 冷冻室温度可调节

C. 自动除霜 　　　　　　　　　　D. 智能语音控制

E. 其他（请填写）_____

14. 您对以下哪种购买方式更感兴趣？（　　）

A. 实体店购买 　　　　　　　　　B. 网上购买

C. 社交电商购买

D. 其他（请填写）_____

15. 您还有其他对冰箱产品改造的建议或意见吗？　　[填空题]

_____

确定了问卷中的问题后，通过问卷星进行问题的编辑，如图2.2.3所示。

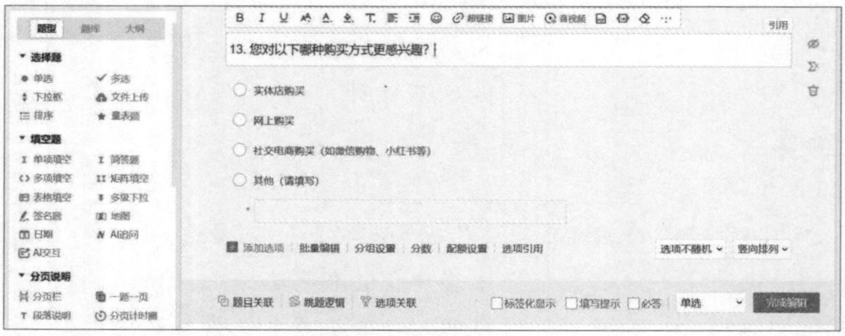

图 2.2.3　在问卷星中编辑问题

第3步：检查并修改问卷

问卷设计是问卷调查非常关键的一步，其质量会直接影响问卷的完成率和质量，即使在问题措辞上的微小差别，也可能导致完全不同的结果。因此，在设计问卷时一定要细心严谨，认真检查，避免出现错误。

📖 知识窗

调查问卷设计中有哪些常见错误？

（1）问题含糊，容易产生歧义。例如"你是否经常打乒乓球"这个问题就问得比较含糊。不同调查对象对"经常"这个词的理解不同，有人认为一周打一次才算经常，而有人认为一个月打一次就算是经常。

（2）问题有双重含义，容易引起理解混淆和回答困难。例如"你是否认为国产电视机物美价廉"这个问题其实包含两个问题：国产电视机是否物美？是否价廉？把这两个问题合在一起令人不好回答。在一个题干里不要出现两个或两个以上的问题。

（3）问题有明显倾向性，容易诱导调查对象，导致结果的扭曲。例如"为了支持民族工业，是否应该提倡购买自有品牌产品"这类问题有明显的倾向性，对调查对象有诱导作用，无法获取调查对象品牌偏好的真实信息。

（4）问题涉嫌侵犯个人隐私或过于敏感，导致答案失真或不合作。例如：直接问用户的年龄、收入、身份证号码、住址等信息，但没有给出一个恰当的理由。

（5）问卷内容太多且枯燥，容易导致调查对象拒答、随便填答，产生大量不完整问卷或难以获取对方的真实信息。

（6）问卷结构不合理，逻辑顺序混乱，容易导致调查对象难以理解题干内容，发生思维跳跃错误或直接放弃。

✏️ 做一做

结合所学内容，分析表 2.2.1 中所设计的问题体现了问卷设计的哪些常见错误。

表 2.2.1　问卷设计常见错误分析表

问题	错误
您所在单位几年来情况怎样？	
经调查发现更多人愿意购买华为手机　您愿意买哪个品牌的手机？	
您认为这个网站是否易于浏览且有吸引力？	
您的月工资是多少？	

第4步：发布在线调查问卷

调查问卷设计完成后，先进行点击"预览"，确认被调查者能够正常浏览后即可点击"发送问卷"，如图2.2.4所示。

图 2.2.4　问卷星发放问卷

在问卷星中提供了链接与二维码、微信发送、邮件&短信、互填问卷等方式发放问卷，如图2.2.5所示。

图 2.2.5　问卷星发放问卷的方式

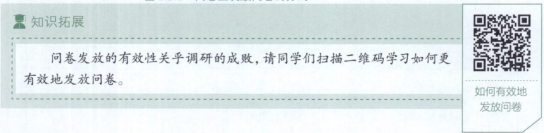

📺 知识拓展

问卷发放的有效性关乎调研的成败，请同学们扫描二维码学习如何更有效地发放问卷。

如何有效地
发放问卷

活动拓展

以小组为单位，结合所学知识，为学校食堂设计并发放一份关于学生对食堂满意度的调查问卷。问卷要求：题量控制在12~15道题，至少包括1个开放性问题，问卷结构完整，逻辑清晰，至少通过两种方式发放。

活动 2   分析调研数据

活动背景

在领导和同事的指导和帮助下，李想设计的在线调查问卷受到了林经理的肯定，同时林经理也告诉李想，发放问卷只是第一步，更为重要的是对开展问卷调查收集到的原始数据进行分析，数据只有经过分析处理才会变得有意义。因此，调研人员要具备较强的数据分析能力。如何从数据中提炼出与调研目标相关的信息呢？接下来李想要跟着负责数据分析的同事进行学习。

活动实施

第1步：收集数据

问卷回收后，登录问卷星进入以下页面，点击"分析&下载"菜单进入图2.2.6所示页面。

图 2.2.6   下载报告

点击右下角"下载报告"菜单，下载保存调研报告数据，如图2.2.7所示。

图 2.2.7   下载报告数据

第2步：审核并清理数据

回 知识窗

调研数据的审核和清理

下载了数据报告后，首先应该对所获得的数据进行审核，确认数据的完整性、准确性和时效性，发现问题和纠正问卷填写的错误。

数据审核应注意哪些方面？

（1）规范性，即问卷是否填写清楚、统一和完整。

（2）严肃性，即调查对象是否认真回答了问题。

（3）真实性，即调查对象是否真实地回答了问题。

（4）样本构成符合要求，即回收的问卷中是否出现某类人员比例过高或过低。

数据审核后还需要对数据进行清理，发现并纠正数据文件中可识别的错误的过程，包括错误识别和分级、处理无效值和缺失值等。发现错误时，要列出问卷序号、变量名称、错误类别等，根据错误的性质对错误进行分级。对于数据中可能存在的无效值和缺失值，常用的处理方法是估算、整例删除、变量删除和成对删除。在调查中应保证数据的完整性，尽量避免出现无效值和缺失值。

🔍启智探究

清理调查数据中的常见错误

调研人员在对回收的问卷进行数据清理时，发现了以下明显的错误：

（1）母亲的性别为男，父亲的性别为女。

（2）用过某个产品，但在产品认知部分却答未曾听说过该产品。

（3）所报的支出远远高于收入。

（4）各分项消费支出之和超过总消费支出。

试分析对于以上错误，该用哪些处理方法对数据进行清理？

第3步：分析调研数据

数据经过清理之后，变成了等待处理、解释的基础材料，需要进一步加工，才能满足企业进行营销决策的需求。可以用以下三种方法对数据进行分析。

1.数据图表分析

问卷星的分析系统能够对问卷结果自动进行分析统计，在问卷星的统计分析界面即可查看数据图表分析结果，结果可以通过表格、饼状图、圆环图、柱状图、条形图等形式呈现，如图2.2.8所示。

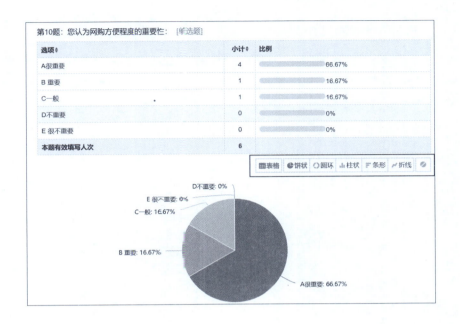

图 2.2.8　问卷星调查数据图表分析结果

2.词频分析

对于开放性问题,可以使用词频分析进行结果统计。在问卷星的统计分析界面中点击"详细词频分析",如图2.2.9所示,即可看到该问题的词频分析,如图2.2.10所示。

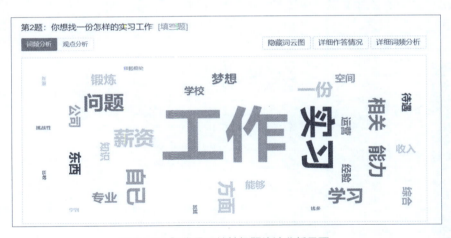

图 2.2.9　问卷星开放性问题统计分析界面

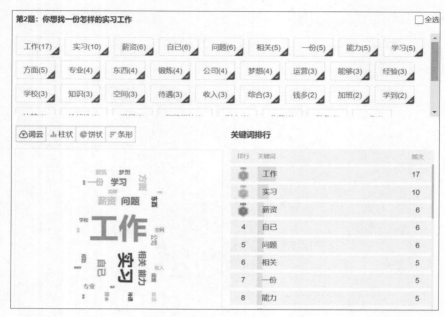

图 2.2.10　词频分析结果

3.交叉分析

交叉分析用于分析两个问题之间的关系，通过图表的形式将两个问题联系起来选择两个问题作为自变量"行"和"列"即可。

在问卷星等统计分析界面中选择"交叉/对比分析"，选择两个问题分别作为"自变量X"和"自变量Y"，如图2.2.11所示。系统会对自动导出交叉分析报表，更方便调研者深入、高效、便捷地分析数据。

图 2.2.11　问卷星交叉/对比分析报表

　　扫描二维码，一起来看看中国互联网络信息中心发布《互联网助力数字消费发展蓝皮书》中呈现了哪些调研分析数据？

《互联网助力数字消费发展蓝皮书》

活动拓展

　　登录问卷星，收集下载关于学生对食堂满意度的调查报告等数据，以小组为单位，利用所学知识，开展讨论学习，对调查结果做数据分析并记录。

<h1 style="text-align:center">活动 3　撰写调研报告</h1>

活动背景

　　完成了数据收集、处理和分析工作之后，就到了撰写调研报告环节。撰写调研报告是市场调研工作的最后一步，也是至关重要的一步。调研报告的质量是衡量整个调研工作成果与否的重要标准之一。作为新人，李想还不具备独立撰写调研报告的能力，但他可以从现在开始学习如何完成一份合格的市场调研报告。

活动实施

　　第1步：掌握调研报告的结构

回 知识窗

市场调研报告包含哪几部分？

　　调研报告是指调研人员就某个研究主题开展市场调查，将收集到的数据材料经过分析研究后，揭示本质问题，提出解决对策的研究成果。调研报告一般以书面形式呈现，没有固定不变的格式，基本结构会根据研究项目的性质和读者不同而有所变化，但大部分都包括以下几个部分：

　　1.标题

　　调研报告的标题应准确体现调研项目的主题思想，一般写在报告的封面。

　　2.前言

　　前言主要说明开展调研的目的、意义以及使用的调研方法等内容，使读者领悟报告要点，产生阅读兴趣的关键部分之一。

　　3.目录

　　目录是报告中完整反映各项内容的一览表，便于读者了解报告的结构和主要内容，一般包括内容目录、附件目录和图表目录等。

4.摘要

摘要虽然列在正文之前,但是应在报告完成之后撰写,通常包括项目研究问题与方法、主要结果、结论与建议。这部分极其重要,因为管理人员通常只阅读这部分。

5.正文

正文是报告的主体,是调研报告重点开展的部分。这部分主要用大量的数据材料反映调研的真实情况,通常包括调研介绍和调研结果两部分。调研介绍主要说明调研方法和报告中术语界定等内容,调研结果是研究报告的核心部分,这部分内容主要是紧扣研究问题和决策的信息需求,通过文字和图表的合理搭配,展示主要的研究结果及意义。

6.附录

附录是指报告正文没有包含或提及的但又与正文有关、必须附加说明的内容,包括问卷、说明、参考文献等。

第2步:利用可视化图表呈现调研结果

可视化图表是调研报告的重要组成部分,常用的有饼图、线图、统计地图、条形图、直方图、流程图、象限图等。经过精心设计的图表比文字更直观,更方便读者理解和记忆。文字和图表的合理搭配能大大提高沟通的效果,起到事半功倍的效果,如图2.2.12所示。

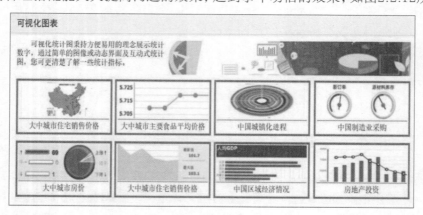

图 2.2.12　可视化图表

但设计图表时如果使用不当,则可能令读者阅读报告时倍感吃力、费解。因此,在制作图表时应当遵循简洁、明了、规范的原则,才能达到良好的沟通效果。

(资料来源:国家统计局)

👤 **知识拓展**

好的调研报告应当能准确地回答管理人员关心的问题,并提出确实可行的解决方案。为了达到这个目的,撰写调研报告时应遵循以下哪些原则呢?请扫描二维码进行学习。

调研报告时应
遵循哪些原则

活动拓展

以小组为单位,结合所学知识,利用问卷星下载的数据,撰写关于学校食堂满意度问卷调查报告。报告修改、定稿后,制作PPT,以小组为单位口头阐述调研报告。

项目检测

1.单选题

(1)开展网络市场调研时应注意的职业道德问题是(　　　)。

    A.尊重调查对象　　　　　　　　B.保护对方隐私

    C.诚信原则　　　　　　　　　　D.以上都是

(2)下列属于网络间接调研的方法是(　　　)。

    A.在线问卷调查法　　　　　　　B.电子邮件法

    C.访问相关网站搜集信息　　　　D.专题讨论法

(3)下列不属于网络市场调研特点的是(　　　)。

    A.低效性　　　　　　　　　　　B.低成本

    C.交互性　　　　　　　　　　　D.低可控性

(4)调查问卷的结构包括标题及标题说明、问卷主体和(　　　)。

    A.前言　　　　　　　　　　　　B.摘要

    C.结束语　　　　　　　　　　　D.正文

(5)设计问卷时建议采用的题型是(　　　)。

    A.开放式　　　　　　　　　　　B.混合型

    C.封闭式　　　　　　　　　　　D.以上都不是

(6)"您是否经常打羽毛球"这个问题设计出现了哪个常见错误?(　　　)

    A.双重含义　　　　　　　　　　B.有明显倾向性

    C.问题模糊,易产生歧义　　　　D.提问过于敏感

(7)数据处理的第三步是(　　　)。

    A.数据审核　　　　　　　　　　B.数据编码

    C.数据清理　　　　　　　　　　D.数据录入

(8)(　　　)不属于撰写调研报告的原则。

    A.美观性原则　　　　　　　　　B.完整性原则

    C.逻辑性原则　　　　　　　　　D.客观性原则

(9)数据准备过程中应避免(　　　)。

    A.合法合规　　　　　　　　　　B.客观真实

    C.先有结果后有内容　　　　　　D.先有内容后有结果

(10)利用互联网收集原始数据的过程称为(　　　)。

    A.网络间接调研　　　　　　　　B.网络直接调研

    C.搜索引擎调研　　　　　　　　D.传统调研

（11）"良好的开端是成功的一半。"网络市场调研工作的每一个步骤都非常重要，其中最重要的就是（　　　）。

　　A.制订调研计划　　　　　　　　　B.收集有关数据

　　C.确定抽样方案　　　　　　　　　D.确定调研目标

（12）撰写调研报告应该应当能准确地回答（　　　）关心的问题，并提出有效的解决方案。

　　A.用户　　　　　　　　　　　　　B.调查人员

　　C.管理人员　　　　　　　　　　　D.经理

（13）在一份调查问题中有一道题："你是否认为国产电视机物美价廉？"你认为这句话有何错误？（　　　）

　　A.问题含糊，容易产生歧义　　　　B.问题有双重含义

　　C.问题有明显倾向性　　　　　　　D.逻辑顺序混乱

（14）（　　　）用于分析两个问题之间的关系，通过图表的形式将两个问题联系起来选择两个问题作为自变量"行"和"列"即可。

　　A.交叉分析　　　　　　　　　　　B.词频分析

　　C.问卷分析　　　　　　　　　　　D.主观分析

（15）（　　　）是调研报告的重要组成部分，常用的有饼图、线图、统计地图、条形图、直方图、流程图、象限图等。

　　A.可视化图表　　　　　　　　　　B.调查问卷

　　C.调研报告　　　　　　　　　　　D.以上都不是

2.简答题

（1）简述网络市场调研的步骤。

（2）设计问卷时应遵循哪些原则？应避免哪些常见错误？

（3）简述数据分析的3种常见方法。

（4）一份具体可行的调研计划具体包括哪些内容？

（5）一份完整的市场调研报告由几个部分组成？

3.案例分析

云南咖啡崛起，走精品化之路

近年来，国内咖啡消费需求旺盛，品牌瞄准云南产区新品，云南咖啡得到发展契机。云南是国内最大的咖啡种植区，咖啡面积、产量和产值占到全国的98%以上。云南省农业农村厅发布数据显示，2021年云南省咖啡种植面积约139万亩，产量约11万吨。2022年咖啡生豆平均价格30元/千克左右，创2011年以来的历史新高。预计2025年，中国市场规模将达10 000亿元。

随着云南咖啡整体品质提升，越来越多品牌开始尝试绕过中间渠道，选择到云南产地直采，无论是国际巨头还是本土新势力，都在菜单中推出了多款云南咖啡豆产品。比如，星巴克打造的云南臻选咖啡；Manner咖啡将云南产区的咖啡豆加入日常菜单中。部分品牌也会开启咖农帮扶的项目，引入精品级的加工处理技术，引导小农户提高标准化程度，提高精品豆产量。星巴克于2012年在云南普洱成立了亚太区首个种植者支持中心，至今已覆盖了从咖啡种植加工

到烘焙零售全产业链的每个环节。Seesaw的"十年云南计划"让团队深入当地,为咖农们引入精品级的加工处理技术,并向种植者承诺购买、给予溢价。Manner在孟连也专门开设了杯测室,引入以品质衡量价格的标准体系。

除了产地直采外,品牌方面也开启多项云南咖啡产业扶持项目,助力产业规模化、标准化、专业化发展,为长期原料采购提供稳定保障。在品牌厂商的助力下,云南咖啡获得了发展的机遇。未来,在政策引导下,产业链将朝精品化、深加工方向延伸,并逐步提升品牌知名度。

(资料来源:艾瑞网)

阅读案例,回答下列问题。

(1)文中第1段体现了网络市场调研哪方面的内容?

(2)文中第2段主要采用了什么调研方式?

(3)文中第3段主要阐述了几个品牌支持云南咖啡?请列举品牌。

项目 3
搭建网络营销平台

项目综述

通过前面的学习，我们都知道网络营销的重要任务之一是在互联网上建立并推广企业的品牌，以及让企业品牌在网上得以延伸和拓展，那么选择什么样的互联网营销渠道就显得尤为重要。在搭建网络营销平台之前，需要先明确自己的目标和定位，再根据需求和资源选择合适的网络营销平台。本项目中，我们将从自建型网络营销平台和电商平台两种渠道开展探究学习，探索如何通过搭建网络营销平台帮助企业开始线上营销。

项目目标

通过本项目的学习，应达到的具体目标如下：

素质目标
◇树立创新意识，培养创新思维；
◇培养团队合作意识；
◇培养审美意识，提高对美的感知力。

知识目标
◇理解营销型企业网站概念和特点；
◇了解自建企业网站的构建方式；
◇掌握自建营销型网站与第三方平台的区别；
◇掌握电商营销平台的类型；
◇了解淘宝直通车的展现原理。

能力目标
◇能合理规划营销型企业网站首页和网站风格；
◇能恰当地设计并注册企业域名；
◇能够选择合适的电商平台并利用所选电商平台开展营销。

□ 思维导图

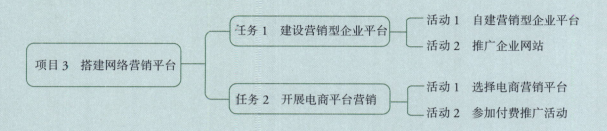

任务1 〉〉〉〉〉〉〉
建设营销型企业平台

任务引例

华为商城，打造便捷、暖心的购物体验

华为商城是华为公司旗下的自营电子商务平台，华为商城上线后，为消费者提供了便捷、暖心的购物体验，受到了许多消费者的青睐。

在提到为什么要自建商城时，华为认为，自建网站的原因有以下几个方面：

(1)品牌展示：自建网站可以为华为提供一个自主控制的品牌展示平台，展示公司的理念、产品、服务和成就。通过网站，华为可以向全球用户展示其技术实力、创新能力和市场影响力，提升品牌知名度和形象。

(2)信息传递：华为网站可以成为公司与用户之间的重要沟通渠道，通过网站发布公司动态、产品信息、业务更新等，让用户及时了解最新的信息和发展。同时，通过网站上的联系方式，用户也可以方便地与华为进行沟通和合作。

(3)销售与市场推广：自建网站为华为提供了一个直接向用户推广和销售产品和服务的渠道。通过网站的在线商店或产品列表，用户可以方便地了解和购买华为的产品。此外，华为网站还可以通过搜索引擎优化等手段提升网站在搜索结果中的排名，增加产品曝光度和吸引潜在客户。

(4)用户体验和服务支持：自建网站可以提供更好的用户体验和服务支持。华为可以通过网站提供在线客服、常见问题解答、用户手册下载等功能，帮助用户解决问题和提供技术支持。此外，华为还可以通过网站建立用户社区或论坛，让用户之间进行交流和分享经验。

总的来说，自建网站帮助华为全面展示了自己的品牌形象，加强了与用户的沟通，促进销售和市场推广，提供更好的用户体验和服务支持。

分析与启示

在诸多的网络营销手段中,营销型网站的独立性和自主性是相对较强,B2B平台、C2C平台上企业的网络营销虽然有流量大、经过第三方认证、提供企业的综合性展示等网站的特点,但毕竟内容的发布、平台的构造、平台的续费都受制于第三方,在使用过程中没有办法保证持续性。因此,自建营销型网站成为许多知名品牌选择的营销方式。

活动1　自建营销型企业平台

活动背景

李想在市场部策划助理岗位的实习表现得到了林经理的肯定,为了让他得到更多锻炼,林经理将李想的策划助理岗转为运营助理岗。在该岗位上,李想将接触到多渠道的营销方式,而他进入的第一个项目是为某手机公司规划营销型企业平台。

活动实施

第1步: 认识自建营销型平台的必要性

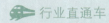 行业直通车

海尔多平台化营销

海尔是全球著名家电品牌,目前已经从传统制造家电产品的企业转型为面向全社会孵化的创客平台。在互联网时代,海尔致力于成为互联网企业,颠覆传统企业自成体系的封闭系统,变成网络互联中的节点,互联互通各种资源,打造共创共赢新平台。

海尔电子商务公司是海尔集团的一家子公司,成立于2000年3月。目前海尔主要的网络营销平台有两类:一类是官方自建平台,包括海尔官方网站、海尔商城、海尔官方移动端网站、海尔商城移动端网站和海尔App;另一类则是海尔第三方销售平台,包括海尔天猫旗舰店、京东旗舰店、苏宁旗舰店等。海尔之所以要开发多个网络平台,是因为单个网站已经无法满足不同类型的用户需求,通过利用不同网站平台的优势,最终实现销售额最大化。

很多个人和企业都面临这样的选择:到底是选择第三方平台入驻,还是自己去做一个商城网站呢?要回答这个问题,首先要弄清楚自建平台和第三方平台的区别,具体见表3.1.1。

表 3.1.1　自建平台与第三方平台的区别

类型	优势	劣势
企业自建平台	(1)网站样式、功能等可以个性化设计,有利于企业文化的表达与展现,能够更好的塑造品牌形象。 (2)拥有客户数据资源,实现数据的二次开发,提高复购率,源源不断地挖掘数据价值	(1)自建平台需要较高的技术,依靠自主引流和推广,成本较高、周期较长。 (2)从建站到运营维护,再到产品交付、投入使用等,企业既要运营平台,还要运营商品,这对企业的运营提出非常高的要求

续表

类型	优势	劣势
第三方平台	（1）平台具备成熟的运营模式，自带流量，商家只需要入驻学习，入门上手快。 （2）不需要进行网站维护和推广，节约了成本。 （3）大型的电商平台都有非常详细的交易规则和支付体系、物流体系，所以交易更加安全和稳定	（1）规则变化快，限制多，一旦违反平台规则就有可能被惩罚。 （2）同质化竞争激烈，对于品牌化弱、特性不足的产品来说难以获得消费者关注

经过对比不难发现，第三方平台的优势在于操作难易度、流量基础和短期效应等方面，但是从长远来看，自建平台在品牌塑造、客户维护等方面更胜一筹。

🔍启智探究

是什么将东方甄选从抖音推到了自建 App？

东方甄选是新东方公司旗下的直播带货平台，一直依托抖音平台开展直播带货。但在 2023 年 7 月 26 日，东方甄选旗下的"东方甄选自营产品"账号发布通知称，因规则要求，该账号直播间暂停营业三天。当日，东方甄选紧急决定在其自建 App 上进行自营产品的直播，并开启 8.5 折促销活动。

请同学们分析一下，东方甄选为什么要选择从抖音转投自建 App？

第2步：申请平台域名

随着互联网时代的不断发展，自建营销型平台对于企业的发展有着越来越重要的作用，这是因为营销型网站就是企业与用户的链接桥梁。对于用户来说，可以通过网站更多地了解企业，而对于企业来说，自建平台可以更好地与用户进行交流，解决用户的疑问，从而提升流量的转化率。认识到自建平台的必要性后，我们就可以着手搭建平台了。自建平台一般包括移动端和电脑端两类。下面以电脑端自建营销型网站为例，首先要做的就是申请域名。

🔲知识窗

什么是域名？

域名犹如企业在网络上的一个名称，有了名称，客户才能在网络上找到企业。企业进行网站建设，首先要申请域名，根据自己的需要向相关管理部门（CNNIC）申请符合自己需要的域名，以方便客户记忆和使用。

申请域名需要通过以下几步完成：

1.选择域名申请机构

我国的域名管理结构是CNNIC，但是为了方便域名的申请和使用，CNNIC把域名管理权分发给了很多代理机构。因此各企业使用的域名多是向各大代理机构申请，比如全国比较有名的域名代理机构有阿里云、西部数码等。

2.查询域名注册与否，进行注册

注册域名如同注册商标一样，要使用域名首先要查询该域名是否已被占用，可以在任意一家域名代理公司进行查询。下面以阿里云为例。

（1）进入阿里云首页，如图3.1.1所示。

图3.1.1　阿里云首页

（2）在搜索栏输入"查域名"，找到域名查询入口，如图3.1.2所示

图3.1.2　阿里云网站的域名查询页面

（3）输入要申请的域名，单击"查询"，结果页面显示了可申请的域名使用情况，如图3.1.3所示。

图 3.1.3　域名查询页面

（4）选择要注册的域名，单击"加入清单"，支付相关费用，完成域名注册。

（5）接着就可以进入域名管理后台，对域名进行管理了。

3.空间申请

网络上的空间犹如现实中的物理位置，有了空间企业才可以在自己的地方建立厂房、办公室，才能生产产品，给客户提供各种服务。因此，空间申请也是企业网站建设的必经阶段。一般企业选择虚拟主机即可，性价比相对较高。

第3步：规划网站网页

申请好域名空间就相当于网站已经有了建房子的土地，接下来就可以规划建设图纸了。网站的规划分为网页前台和网站后台两个部分。

1.网页前台的规划

网页的前台即用户可以看得到的内容，一般对网页前台的规划包括网站风格、内容、结构、功能四大要素。

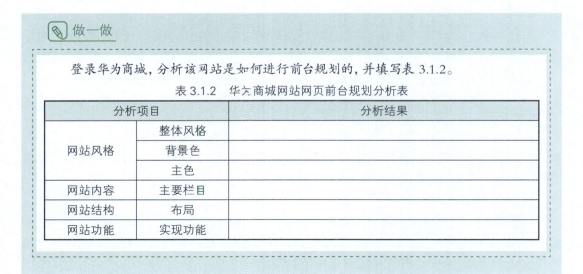

做一做

登录华为商城，分析该网站是如何进行前台规划的，并填写表 3.1.2。

表 3.1.2　华为商城网站网页前台规划分析表

分析项目		分析结果
网站风格	整体风格	
	背景色	
	主色	
网站内容	主要栏目	
网站结构	布局	
网站功能	实现功能	

2.网站后台功能规划

网站前台是给客户用的,而后台则是给网站维护人员用的,便捷、强大的后台功能,不仅有利于提高维护人员工作效率,还对网站的推广和设计有一定的指导意义。简单来讲就是要简单易用,能够灵活地设置网站基本信息,更新网站导航栏目、产品目录,修改相关功能,有一定的可扩展性。网站后台功能的规划往往是由专业的计算机编程人员完成。

活动拓展

深入探究"格力商城网站",将其首页的主要栏目与"格力网站"首页的主要栏目进行比较分析后,说说这些栏目的功能,并填表3.1.3。

表 3.1.3　栏目对比

栏目	格力网站	栏目	格力商城网站
例:新闻中心	更新企业新闻,展现企业魅力	例:购物车	方便消费者购物
轮播广告		轮播广告	
产品中心		热销推荐	
投资者关系		产品导航	
专卖店		每日精选	
能源新生态		购物指南	
关于格力		售后服务	

活动 2　推广企业网站

活动背景

网站搭建完成并不代表着平台网络营销功能的实现,准确来说,一切才刚刚开始。网站投入运营之后,需要持续不断地进行维护和更新,更需要开展推广活动,否则就不能实现其营销的功能。哪些推广方式效率高、效果好呢? 这就是李想接下来要解决的问题。

活动实施

网站投入运营,只有前期的初始化、持续的网站更新和维护是远远不够的,没有流量、没有用户、没有询盘,新网站基本上就流于形式,因此网站的推广工作对营销型网站有着至关重要的作用。网站的推广主要包括线下推广和线上推广两部分。

第1步:开展线下推广

有效地利用线下资源可以大大提升网站推广力度。比如企业可以把网站网址印在公司的宣传册、公司名片,以及公司的产品包装中,同时还可以在公司传统促销活动的时候适当地突出企业网站,从而提升网站访问量和知名度。

第2步：开展线上推广

回 知识窗

企业网站的线上推广方式有哪些？

1.付费推广

通过付费引流工具进行推广，能在很大程度上节省大量的时间、精力和成本。这种推广方式可以直接将产品推送到目标人群，在给网站带来精准流量的同时，还能通过精准的搜索匹配给产品带来潜在买家，增加转化率。

2.自媒体推广

通过自媒体平台进行推广，如广为人知的微信、微博、今日头条等，这些自媒体平台拥有亿万用户且用户比较年轻，消费能力较高。值得注意的是：微博、微信属于私人空间，如果盲目地营销推广或者内容令人反感，就会失去用户的关注。所以，需要结合平台用户的特点及喜好的内容进行包装，才能够更吸引大众眼球。

3.搜索引擎推广

通过分析用户的搜索习惯，挖掘出关键词并不断进行优化或者竞价来提升排名，吸引更多消费者的关注。

4.活动营销推广

营销平台可以提前策划一些大型节日的优惠活动，在这个时间前通过各个第三方平台进行预热推广，为用户提供有价值的信息是一个很好的吸引点，甚至做一些免费送某项服务产品以达到宣传推广的目的。

相比较而言，付费推广短期来看效果会更明显，而免费推广尽管周期较长，但相对持续性和稳定性较好。另外，由于企业经营服务或产品的不同，企业网站推广也应有所侧重，如工业型产品由于客户对象一般是企业，因此适合在B2B、搜索引擎上进行推广，而消费品由于其客户对象一般是消费者，则更适合在C2C、抖音和微信等媒体推广。

🚄 行业直通车

唯品会 15 周年庆营销活动

2023年12月8日是唯品会"15周岁生日"，聚焦于周年庆的年度特卖大会，唯品会在商品丰富度、价格指数、规则简化等方面再次刷新记录。

唯品会相关负责人表示，唯品会联合国内外知名品牌推出上百万款爆款商品，众多爆款价格将创年内新低，同时，唯品会秉持优惠规则简化的原则，消费者无须凑单，一件即可享受超值优惠。据介绍，唯品会聚焦品牌特卖赛道，累计合作品牌超过44 000家。

在客户运营方面，唯品会着力构筑精细化会员运营体系，为超级VIP（SVIP）用户提供长期、稳定的深度折扣，以及丰富的会员权益与增值服务，强化会员价值感知，增强会员深度信任感，推动平台高价值用户规模不断扩大。

此外，唯品会持续优化内部流程，在推进标准化服务落地、服务迭代升级等方面取得显著成效，其制订并实施的《电子商务平台售后服务规范》入选2022年度企业标准"领跑者"名单。

请参考以上唯品会营销案例,尝试为其策划"618"活动在另一个平台营销方案,并填表 3.1.4。

表 3.1.4　唯品会"618"活动营销方案

活动时间	
活动内容	
宣传平台	
互动形式	
预期效益（数据）	

近年来,线上、线下、物流的融合新零售关注热度不断升高,什么是新零售呢? 同学们可以扫描二维码进行了解。

新零售,到底
新在哪里?

活动拓展

请尝试分析新零售模式的"新"在哪里,它有哪些优势?

任务2 »»»»»»
开展电商平台营销

任务引例

影响力营销在小红书直播中的运用

在当今数字化社会中,社交媒体已经成为品牌推广和营销的关键平台之一。而小红书以其独特的社交电商模式和活跃的用户群体,成为众多品牌追逐的热门平台之一。特别是小红书直播,已经成为品牌提升影响力的有效途径。

（1）选择合适的网络领袖合作。影响力营销的核心在于选择合适的合作伙伴,而在小红书直播中也不例外。品牌应该寻找与其价值观和目标受众相符的网络领袖,这样可以确保推广活动更加自然和有吸引力。例如，一家健康食品品牌想要在小红书直播中宣传其产品，那么选择与健康生活方式相关的网络领袖将是一个明智的选择。

（2）打造有趣的内容。在小红书直播中，吸引观众的关键在于创造有趣的内容。品牌和网红可以通过故事讲述、实时互动、问答环节等方式，增加观众的参与感和投入感。这种互动性不仅可以提高观众留存率，还可以促进产品销售。

（3）强调产品特点和价值。在直播过程中，品牌需要清晰地传达产品的特点和价值，以便观众了解为什么他们应该购买这个产品。可以通过演示、使用案例、用户见证等方式来展示产品的实际效果，增加观众的信任度。

（4）成功案例：让我们来看一个成功的案例，某化妆品品牌与一位知名的化妆博主合作，在直播中展示了其最新的彩妆产品。这位博主不仅展示了产品的使用方法，还回答了观众提出的问题，并分享了自己的化妆技巧。这次直播吸引了数万名观众在线观看，其中许多人在直播结束后购买了该品牌的产品。

分析与启示

互联网时代，网络营销已经成为品牌推广的重要支撑。影响力营销凭借其独特优势，有效链接了品牌与消费者。在此过程中，产品和服务推广并非唯一重点，情感传递与共鸣亦同样关键。企业依赖于小红书上拥有庞大关注度的意见领袖，通过他们的日常分享，巧妙地将品牌信息传达给粉丝，这种看似无意间的推荐，使品牌信息得以通过更自然的方式传递至消费者，往往更能激发他们强烈的意愿，这也体现了借势电商平台营销的价值。

活动1 选择电商营销平台

活动背景

随着电子商务的快速发展，电商平台日趋成熟，电商平台的营销功能越来越全面和智能。与其他营销方法相比，电商平台营销可直接通过平台自身的营销功能或工具快捷且方便地实现。但电商平台众多，作为网络营销新人，李想应该如何选择呢？

活动实施

第1步：认识电商平台营销

回 知识窗

电商平台营销是什么？

电商平台营销是以电商平台为核心，通过整合电商平台的信息集成优势，优化定制营销组织系统，实现大规模定制营销，从而提高大规模定制营销的效率。

由于品类及客群的分化，不同平台的定位和策略都不相同，因此，营销逻辑也截然不同。表3.2.1对不同类型的电商平台进行了分析。

表 3.2.1　电商平台的类型

平台类型	特点	代表网站
综合电商平台	模式成熟，有非常丰富的营销工具、营销产品可供选择，但电商平台的流量生态成熟，竞争激烈	淘宝、天猫、京东、唯品会等
社交电商平台	借助网络社交平台对商品内容进行传播分享，引导用户对商品的购买，互动性高、用户较为精准且黏性较强。	小红书、拼多多等
垂直电商平台	针对特定品类才会进行营销，虽然体量较小，但用户匹配非常精准	携程网、瓜子二手车网、小米有品、美团买菜

第2步：选择电商营销平台

电商平台如此之多，我们应该如何选择呢？选择合适的电商营销平台应考虑以下因素：

（1）平台知名度。网上购物的信息透明度高，消费者往往能很轻松地对比各个平台的商品信息，在条件相似的情况下，消费者总是偏好在知名度高的网站购物。因此，选择知名度高的电商平台能够给网店带来相对稳定的客流量。

（2）支付和配送系统。要想网店业务能够顺利开展，电商平台的支付和配送系统就尤为关键了。完善的支付和配送体系不仅能保证网店的运营，还能提升消费者的用户体验。

（3）平台管理水平。稳定的后台技术、快速周到的客服以及方便的用户管理功能，都是网店顺利开展营销活动的有力保证。

（4）营销费用。对于创业者来说，尽量选择多种收费模式的电商平台，能够降低风险。

📎 做一做

试分析华为手机选择通过哪些电商平台开展营销，选择的原因是什么？完成表3.2.2。

表 3.2.2　华为手机电商平台营销分析表

电商平台	平台类型	原因分析

知识拓展

扫描二维码看看国内知名的电商平台有哪些。

中国十大电商
平台

活动拓展

在国内知名的电商平台中,选择一个你认为未来发展空间最大的平台,说说其主要有哪些优势。

活动 2　参加付费推广活动

活动背景

各大电商平台提供了丰富多样的营销工具,其中付费推广是各个电商营销平台最常见的营销活动之一。淘宝作为目前主流的电商平台之一,是许多企业首选的电商平台,而淘宝直通车是淘宝平台核心的付费推广工具,因此,李想尝试利用淘宝直通车来帮助企业实现网店的精准引流。

活动实施

第1步:开通淘宝直通车服务

回 知识窗

什么是淘宝直通车

淘宝直通车是淘宝网提供的一种按点击付费的在线广告投放平台。通过淘宝直通车,商家可以在淘宝平台上投放广告,以吸引更多潜在客户的关注和购买行为。具体来说,商家可以在淘宝直通车平台上选择自己的广告位,并设置相关的广告内容、出价和预算等参数。当消费者在淘宝搜索相关的关键词或浏览相关类别时,商家的广告会显示在搜索结果页或商品详情页等位置上。

在阿里妈妈网站的首页,可以更全面地了解淘宝直通车,如图3.2.1所示。

图 3.2.1　淘宝直通车产品介绍页面

　　在淘宝网开店的商家，登录淘宝商家后台，在"营销中心"中找到"我要推广"选项，如图3.2.2所示，点击"关键词推广"。

图 3.2.2　开通直通车服务

第2步：创建并投放广告计划

在直通车界面，点击"设置关键词推广"，填写相关信息，如图3.2.3所示。

图 3.2.3　淘宝直通车中设置关键词出价

　　提交创建好的广告计划后,会进入审核阶段。根据淘宝规则进行审核,并保证广告内容符合相关要求。审核通过后,可以设置投放时间和预算,并开始投放广告。

　　第3步:提高直通车排名

　　与淘宝自然搜索排名一样,直通车排名越靠前,展示就越靠前。直通车排名是由关键词出价和质量分综合决定的,如图3.2.4所示。出价高且质量得分较高的广告将获得更佳的展示位置和点示机会。

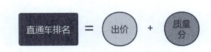

图 3.2.4　直通车排名

　　关键词出价是指卖家在进行关键词竞价时设置的价格,即用户点击直通车推广展位的链接查看商品详情时的最高价格。关键词出价越高,直通车排名就可能越靠前。

　　质量分是根据推广创意的效果、关键词与商品的相关性、用户体验等因素综合评定的分数(见图3.2.5)。质量分是直通车卖家必须关注的重要因素,高质量分可以让卖家花费更少的推广费用,获得更靠前的排名。

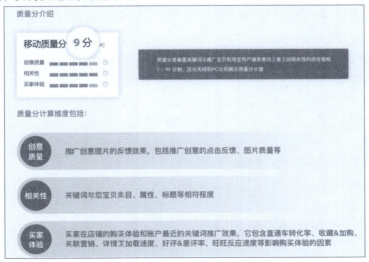

图 3.2.5　淘宝直通车质量分介绍

为了保证推广效果,卖家需要定期监控和优化广告投放。通过淘宝直通车提供的数据分析工具,要以了解关键词的点击量、转化率以及广告费用等关键指标,并进行相应的调整和优化。此外,合理地选择推广时间和地域范围,也能让推广效率更高。

🎓 知识拓展

在直通车推广中,关键词是非常重要的。但如何查找同行直通车关键词并不是一件容易的事情。请扫描二维码学习寻找关键词的一些方法。

如何查找直通车关键词

活动拓展

选择一款你的家乡特产,尝试使用淘宝直通车进行关键词推广,思考应该如何挑选适当的直通车推广关键词。

项目检测

1.单选题

(1)以下关于自建平台相对于第三方平台的优势,正确的是(   )。

A.成本高   B.更加个性化

C.不自由   D.入门快

(2)以下不属于申请域名步骤的是(   )。

A.选择域名申请机构   B.注册域名

C.申请空间   D.规划网站网页

(3)网页的前台即用户可以看得到的内容,一般对网页前台的规划包括(   )、内容、结构、功能四大要素

A.网站风格   B.网站代码

C.网站调试   D.网站美观度

(4)网站后台功能的规划往往是由专业的(   )完成。

A.运营   B.站长

C.经理   D.计算机编程人员

(5)以下属于线下推广方式的是(   )。

A.派传单   B.微信推广

C.付费推广   D.以上都是

(6)以下平台类型中,属于社交电商平台的是(   )。

A.天猫   B.小米有品

C.小红书   D.生鲜电商

(7)以下属于选择电商营销平台应考虑的因素的是（　　　）。

　　A.平台知名度　　　　　　　　B.支付和配送系统

　　C.营销费用　　　　　　　　　D.以上都是

(8)与淘宝自然搜索排名一样,直通车排名越靠前,展示就越靠前。直通车排名是由（　　）综合决定的。

　　A.关键词和买家秀　　　　　　B.综合得分和质量分

　　C.关键词出价和质量分　　　　D.主图和质量分

(9)相比较免费推广而言,付费推广（　　　）来看效果会更明显。

　　A.短期效果　　　　　　　　　B.长期效果

　　C.总体效果　　　　　　　　　D.以上都不对

(10)质量分越高,不仅直通车排名越靠前,而且所需要付出的推广费用（　　　）。

　　A.越高　　　　　　　　　　　B.不确定

　　C.越少　　　　　　　　　　　D.不变

(11)以下属于付费推广的是（　　　）。

　　A.直通车推广　　　　　　　　B.微博推广

　　C.微信推广　　　　　　　　　D.自媒体推广

(12)以下属于自媒体推广平台的是（　　　）。

　　A.电视广告　　　　　　　　　B.地推

　　C.搜索引擎推广　　　　　　　D.微信推广

(13)以下属于垂直电商平台的是（　　　）。

　　A.淘宝　　　　　　　　　　　B.生鲜电商

　　C.京东　　　　　　　　　　　D.拼多多

(14)以下属于淘宝平台为卖家提供的站内推广渠道的是（　　　）。

　　A.免费渠道　　　　　　　　　B.付费渠道

　　C.活动渠道　　　　　　　　　D.个性化渠道

(15)以下属于网站栏目的是（　　　）。

　　A.轮播广告　　　　　　　　　B.热销推荐

　　C.产品导航　　　　　　　　　D.代码

2.简答题

(1)简述自建营销型平台的步骤。

(2)简述影响淘宝直通车排名的因素有哪些。

(3)简述电商平台的类型。

(4)简述自媒体推广。

(5)简述申请平台域名的流程。

3.案例分析

安慕希地域美食节

今年"618"，安慕希再次亮相"天猫美食大牌日"，并开启"地域美食节"延吉专场，创新了品牌电商直播方式。此次活动，打破以往棚内口播的形式，开辟了圈内首档夜市直播"安慕希八点档"，创新户外探店直播新思路。

此外，在盛夏将至时，安慕希将酸奶放置在冰冻场景，推出了"酸奶冰冻化"教程，创造了安慕希酸奶与清凉场景的自然联结。为了增加活动的趣味性，安慕希还将制造酸奶冻品的"棒签"作为延吉限定周边进行买赠互动，棒签上的文字分为与冰冻、延吉相关的两类，设计有梗有趣。

为延续线上吸引力，安慕希线下核心店铺相呼应地进行了氛围改版，还与知名美食品类农心拉面联合售卖，让线上受众也能复刻延吉线下餐搭的美味体验，满足潜在消费者的需求。

阅读案例，回答下列问题。

（1）该案例体现了什么样的网络营销模式？

（2）安慕希线上营销的方法有哪些？

（3）安慕希是如何对线上和线下营销进行结合的？

项目 4
打造网络品牌

项目综述

互联网时代已来临,传统企业势必要进行转型,网络品牌对传统企业转型很关键。一个网络品牌是针对网络虚拟市场实施营销策略的结果,包括一个完整的过程。它意味着顾客会花更多的钱来购买你的产品或服务,因为顾客信任你。而如何让顾客信任你,是企业需要思考的问题。企业的使命就是创造并留住顾客,无论是创造还是留住顾客,其根本在于企业能让顾客产生品牌认同感,而非让顾客编撰太多理由说服自己购买这个品牌的产品,只要顾客对品牌有充分的信任,品牌的价值自然而然就会升值。品牌建设的过程就应该像将一块原本平凡无奇的石头,慢慢雕琢成令众人追捧的艺术品一样,而这样树立起来的品牌,也会"历久弥香"。

项目目标

通过本项目的学习,应达到的具体目标如下:

素质目标

◇传承中华优秀传统文化,提高品牌营销的文化内涵,坚定文化自信;
◇树立正确的企业品牌意识和职业道德观,增强社会责任感;
◇培养学生创新思维能力,提高学生分析问题、解决问题的能力。

知识目标

◇掌握FABE营销法则分析商品的方法;
◇掌握USP提炼商品卖点的方法;
◇理解广告文案创作规律;
◇掌握网络广告常用的发布途径;
◇掌握网络广告常用的收费模式;
◇掌握品牌的整体概念和作用;
◇掌握如何制订品牌活动方案。

能力目标

◇能够运用FABE营销法则分析商品的销售诉求;
◇能够熟练运用USP提炼商品卖点;
◇能够创作简单的网络广告文案;
◇能够制订简单的网络品牌活动方案。

□ **思维导图**

项目4 打造网络品牌

任务1 投放网络广告
- 活动1 提炼产品卖点
- 活动2 创作网络广告文案
- 活动3 制订投放计划及策略

任务2 策划品牌活动
- 活动1 制订品牌活动方案
- 活动2 撰写网络品牌推广软文
- 活动3 整合线上线下营销

任务1 》》》》》》》
投放网络广告

任务引例

新媒体助力老字号走上国货复兴之路

"经典国货"百雀羚因价格低廉、性价比高受到大家的欢迎。百雀羚从创立之初,就熟谙市场营销之道。20世纪30年代,百雀羚就将海报广告(见图4.1.1)就挂在街头,甚至是电车上,成为一道风景。然而随着外资品牌在90年代大举进入中国,百雀羚作为本土品牌渐渐沉寂。如何才能让老字号重新找回往日的辉煌,重新在竞争激烈的护肤品市场中找回一席之地?老字号百雀羚开始探索年轻化营销之路。

作为老国货品牌,百雀羚最大的优势之一便是其深厚的品牌故事和广泛的国民度。因此,百雀羚运用传统元素,借助新媒体力量,重塑品牌形象,重磅推出母亲节广告——《一九三一》。该广告一发布便刷爆朋友圈,它将品牌的文化底蕴挖掘并呈现,在传达品牌内涵与情怀的同时也展现了创新能力,实现了品牌年轻化转变的突破。

这则网络广告采用的是微信中一镜到底的视觉呈现效果,流畅直观地展示了故事内容,方便手机阅读并且让图片故事更具连贯性。其中百雀羚的经典配色非常显眼,同时也明确传达品牌理念:与时间作对。

这则网络广告创意满满,很快便在网络上走红,成为

图4.1.1 20世纪30年代的百雀羚的海报广告

爆款广告文案,传播量达到了3 000万次,品牌曝光总量级达到1亿以上,顺势成功地引爆百雀羚母亲节活动,让年轻女性深入了解百雀羚品牌故事和品牌内涵,并通过文案中传达的情怀对其产生了好感和品牌影响。

分析与启示

2022年3月,《商务部等8部门关于促进老字号创新发展的意见》正式印发。意见从激发老字号创新活力、培育老字号发展动能等方面提出了13项具体措施。意见提出,到2025年,老字号保护传承和创新发展体系基本形成,老字号持续健康发展的政策环境更加完善,创新发展更具活力,产品服务更趋多元,传承载体更加丰富,文化特色更显浓郁,市场竞争力明显增强,对传播中华优秀传统文化的承载能力持续提高。

文件出台带来了国内各老字号品牌广告传播结合互联网新媒体的"国潮营销"新机遇。"国潮营销"是联结中华文化传统,迎合中国消费受众消费习惯,选取中国化营销传播方式所进行的营销活动。通过互联网打造品牌魅力,老字号国货品牌能在时光的磨砺中更显光芒,焕发出新的创新活力。

活动 1　提炼产品卖点

活动背景

在市场部的实习告一段落后,李想转正进入了公司的品牌部工作,该部门主要负责以网络为平台帮助企业进行品牌塑造、品牌推广以及品牌维护。李想所在的团队接到了一个国货护肤品的项目,项目负责人刘经理告诉李想,只有挖掘产品自身的独特价值,提炼出产品卖点与文案结合,才能令消费者产生共鸣,从而产生品牌认同感。而刘经理交给李想一个任务——提炼主推产品的卖点。

活动实施

第1步: 认识产品

要找到产品的卖点,首先要快速了解、理清产品。广义的产品范围可以理解为能够解决用户需求的都可以称之为产品,我们可以从产品的整体概念来认识一款产品,不仅仅关注产品的物理属性和功能,更关注产品的附加价值和品牌形象等。

□ 知识窗

从哪些方面认识产品?

人们通常理解的产品是指具有某种特定物质形状和用途的物品,是看得见、摸得着的东西。这是一种狭义的定义。现代市场营销理论认为,产品整体概念包含核心产品、形式产品、期望产品、延伸产品和潜在产品五个层次。具体如图4.1.2所示。

产品的整体概念包括以下几个层次:

(1)核心产品:是指消费者购买某种产品时所追求的利益,是顾客真正要购买的东西，因而在产品整体概念中也是最基本、最主要的部分。如洗衣机的核心利益体现在它能让消费者方便、省力、省时地清洗衣物。

（2）形式产品：是指核心产品借以实现的形式，即向市场提供的实体和服务的形象。通常表现为产品的质量水平、外观特色、式样、品牌名称和包装等。它由五个特征构成，包括品质、式样、特征、商标及包装。

（3）期望产品：是指购买者在购买产品时期望得到的与产品密切相关的一整套属性和条件。如购买洗衣机的人期望该机器省事、噪声小、安全可靠等。

（4）延伸产品：是指顾客购买形式产品和期望产品时附带获得的各种利益的总和，包括产品说明书、保证、安装、维修、送货、技术培训等。

（5）潜在产品：是指现有产品包括所有附加产品在内的，可能发展成为未来最终产品的潜在状态的产品。潜在产品指出了现有产品可能的演变趋势和前景。

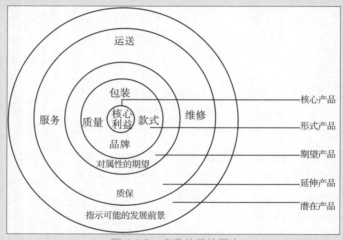

图 4.1.2　产品的整体层次

做一做

选择一款百雀羚产品进行产品的整体层次分析，将分析结果填入表 4.1.1 中。

表 4.1.1　产品整体层次分析表

产品品牌：　　　　　　　　　　　　产品名称：

产品层次	价值体现
核心产品	
形式产品	
期望产品	
延伸产品	
潜在产品	

第2步：根据FABE营销法则，进行销售分析

在网络营销中，如果将注意点全部放在产品本身的特征和优势上，往往会因为无法触及客户的需求点而得到认可。我们需要通过FABE营销法则，从客户的需求出发，将产品的"卖点"转化为客户的买点。

📖 知识窗

什么是 FABE 营销法则？

FABE营销法则是一种销售的逻辑和方法论，是建立在大量分析顾客购物心理活动基础上的销售推介程序，具有很强的可操作性。它通过4个关键环节解答消费者诉求，极为巧妙地处理好顾客关心的问题，从而可顺利实现产品的销售诉求。见表4.1.2。

表4.1.2　FABE 营销法则

FABE 销售法则	具体内容
F（Features）	特征：指产品本身所具有的属性和特点，是产品最基本的描述，包括外观、材质、设计、功能、技术参数等
A（Advantages）	优势：指产品特征相对于竞争对手或同类产品而言的独特之处，是产品差异化的体现，通常从性能、质量、效率、便携性等多个角度进行分析
B（Benefits）	利益：产品优势能给消费者带来什么利益，通过强调消费者能够获得的利益，激发其购买欲望
E（Evidence）	证据：产品相关技术报告、证明文件、图片、文章等材料。所有材料应具有足够的客观性、权威性、可靠性和可证实性

🔍 启智探究

在某家品牌的直播间，主播是这样介绍某款冰箱的："咱们这款冰箱最大的特点是省电，它每天才用电0.35度，也就是说3天才用1度电。以前的冰箱每天用电都在1度以上，质量差一点的冰箱可能每天耗电达到2度。现在的冰箱耗电设计一般是1度左右。大家一比较就可以算出一天可以为你省多少钱。假如0.8元1度电，一天可以省0.5元，一个月省15元。就相当于省你的手机月租费了。咱们这款冰箱为什么那么省电呢？大家看看说明书，它的输入功率是70瓦，相当于一个电灯的功率。这款冰箱用了最好的压缩机、最好的制冷剂、最优化的省电设计，它的输入功率小，所以它省电。咱们这款冰箱销量非常好，给大家看看我们在平台上的销售记录。有需要购买冰箱的朋友一定不要错过这款冰箱。"

主播的话术运用了FABE法则，同学们分析一下，FABE的四个要素体现在哪些具体的话术上。

做一做

表 4.1.3 是通过 FABE 营销法则对某款智能手机进行的销售分析。

表 4.1.3　某款产品 FABE 营销法则分析表

FABE 销售法则	具体内容
F	这款手机配备了最新的处理器，拥有高清晰度的大屏幕，以及出色的摄像头系统。
A	由于最新的处理器，该手机运行速度极快，可以流畅地运行各种应用程序；大屏幕为用户提供了极佳的视觉体验；摄像头系统则能捕捉到清晰、生动的照片和视频
B	用户可以快速、高效地完成各种任务，如工作、学习或娱乐；在观看视频或玩游戏时，大屏幕能带来沉浸式的体验；拍摄高质量的照片和视频，则可以记录生活中的美好瞬间
E	根据权威机构的性能测试报告，该手机在处理器性能、屏幕显示和拍照效果等方面均名列前茅。此外，众多用户的好评也证明了该手机的优秀品质和出色性能

请参考表 4.1.3 运用 FABE 营销法则，对一款百雀羚产品进行销售分析，将分析结果填入表 4.1.4。

表 4.1.4　百雀羚产品 FABE 营销法则分析表

产品品牌：　　　　　　　　　　　　　　　　产品名称：

FABE 销售法则	具体内容
F	
A	
B	
E	

第3步：运用USP理论进行产品卖点提炼

一个成功的产品必须能够清晰地解决客户的核心问题，并在市场上脱颖而出。在理清了产品的优势后，我们要运用USP理论从众多的卖点中确定出产品独特的卖点，确保产品既能满足客户需求，又能在激烈的市场竞争中占有一席之地。

🔲 知识窗

什么是 USP？

U.S.P是Unique Selling Proposition的缩写，即独特的卖点。USP理论是经典的营销理论，侧重对产品价值差异的挖掘。该理论主张发现产品独一无二的好处和效用，并有效地转化成广告传播的独特利益承诺、独特购买理由，进而吸引消费者，影响消费者的购买决策，从而实现产品的销售。UPS理论强调产品的广告卖点必须是竞争对手做不到的或无法提供的，强调人无我有的唯一性。

🚄 行业直通车

随着女性消费时代的来临，三八妇女节成为春节过后品牌们最为重视的营销节点之一。特别是在美妆护肤领域，品牌们为了争夺消费者注意力各显神通。国货品牌百雀羚，敏锐地洞察到春节虽然过去了，但是因为春节各种场景，遗留在年轻女性脸上的皱纹却没有消减，比如因为通宵追剧遗留下来的"姨母笑纹"；因为不停歇工作换来的"超长待机纹"；因为照顾放假的孩子长出来的"老母亲纹"，因此围绕"比你想象的更强大"全新品牌主张，在三八妇女节前夕，发起了"牛年第一道纹"的话题征集。同时，百雀羚并没有停留在话题营销层面，而是给出了肌肤问题的解决方案：百雀羚淡纹帧颜霜，品牌科技新草本战略升级代表作，1小时淡纹-28%，用强科技感的卖点阐述凸显产品淡纹功效。百雀羚通过精准把握产品卖点，实现了从女性痛点到话题引爆再回归产品的闭环营销。

截止到当年3月8日，全网#牛年第一道纹#话题已经达到3 707.2万的阅读量，1.9万的讨论量。而围绕产品"1小时淡纹-2 %"卖点的微博话题#百雀羚淡纹帧颜霜#也获得了2 281.5万阅读量和2.6万讨论度。

运用USP理论提炼产品卖点可以从以下6个角度出发：

（1）从具体产品特色角度出发，体现产品的主要亮点。这是最常用的卖点提炼法。比如，农夫山泉，提出了"农夫山泉有点甜"，"我们不生产水，我们只是大自然的搬运工"等核心卖点。

（2）从解决问题或需求的角度出发。比如，某款感冒药的广告语是："白天服白片，不瞌睡；晚上服黑片，睡得香。"

（3）从特定使用场合的角度出发。比如，某款保健品提炼出"节日送礼"的核心使用场景，让许多人在不知产品功效的情况下就记住了产品使用场合，将其与其他同类产品有效区分开来。

（4）从使用者类型的角度出发。比如，在巧克力市场，德芙从品牌故事到广告制作，再到公关软文等，都围绕"爱情"这个主题，这得到了许多追求浪漫的感性消费者的偏爱。

（5）从对抗另一产品的角度出发。比如，和竞争对手相比社交性欠缺的神州专车，提炼出和对方相比"更安全"的卖点，获得了较高的认知度，并在高端市场中抢夺了不少市场蛋糕。

（6）从产品类别的游离角度出发。有的时候，体现产品不是什么反而比强调自己是什么更有价值，尤其是这个产品区别于人们心目中的某种固有观点的时候。比如，某某产品不是大分子"肽"等。

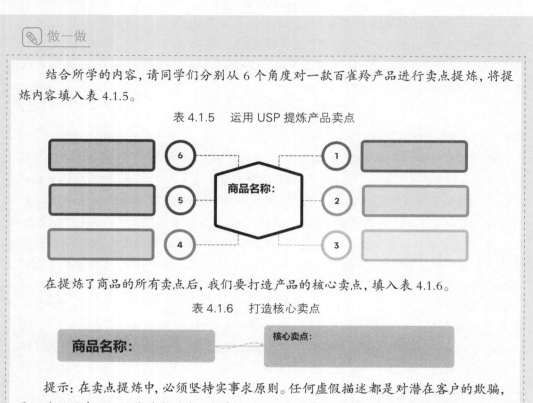

🔖 做一做

结合所学的内容，请同学们分别从 6 个角度对一款百雀羚产品进行卖点提炼，将提炼内容填入表 4.1.5。

表 4.1.5 运用 USP 提炼产品卖点

在提炼了商品的所有卖点后，我们要打造产品的核心卖点，填入表 4.1.6。

表 4.1.6 打造核心卖点

提示：在卖点提炼中，必须坚持实事求原则。任何虚假描述都是对潜在客户的欺骗，是不诚信的表现。销售前期对产品的夸大宣传，会抬高客户的预期值，销售过程中但凡出现任何一点瑕疵都会引发客户的不满、失望，导致店铺的退货、售后率上升，对商家来说得不偿失。所以提炼卖点一定要从公司和产品的真实情况出发。

思行园地

揭秘"卖惨带货"套路，会理石榴口碑被爆信任危机

2023年9月，凉山州和攀枝花市的石榴纷纷踏入了成熟的季节，此时，在短视频平台中出现的一些催泪短视频也引发了网友们的关注。在这些视频中，都有一个令人心碎的情节：石榴被狠狠地扔到了车外。这些情节出现在不同版本的短视频中，如同泪水般刺痛了网友们的心灵。然而，这些视频中的老人并非同一个人，他们的面孔各异，但都显得格外沧桑。

经过媒体记者深入调查，发现这些视频中的情节竟然全部是摆拍，揭开了这起"卖惨带货"的营销事件。商家通过给老人一定的报酬，以摆拍等方式进行"卖惨带货"的营销。这些视频和直播原本是商家为了推销石榴而编造出的悲情故事，以激发人们的同情心和购买欲望。

这种营销手法存在着严重的道德问题，破坏了社会公德和商业信誉。它所造成的负面影响远不止于消费者和商家之间的关系，更进一步波及整个社会的道德风尚。

因此企业营销人员在提炼卖点时一定要遵守法律，恪守职业道德，切忌虚假宣传。否则，不仅会受到严厉的惩罚，也会给企业品牌带来巨大的负面影响。

知识拓展

产品卖点的提炼不仅仅是营销的策略，更是一种将产品价值与消费者需求紧密结合的艺术。扫描二维码学习如何利用 5 个万能公式，提炼电商产品的卖点。

电商产品卖点提炼的 5 个万能公式

活动拓展

尝试利用电商产品卖点提炼的5个万能公式，为自己使用的手机提炼卖点。

活动 2　创作网络广告文案

活动背景

在提炼出产品的核心卖点后，如何才能把卖点精准地传达给消费者呢？这便需要进行广告文案的创作了。优质的广告文案是有生命力的，能够穿越时间与空间，激发用户共鸣，影响品牌受众的认知。如何才能创作出优质的网络广告文案呢？经过学习，李想也有了自己的一些想法。

活动实施

第1步：选择网络广告的形式

与传统广告相比，网络广告的形式更灵活多变，企业在投放网络广告时，需要先了解网络广告的形式，才能选择出适合自己的广告形式。

知识窗

网络广告有哪些形式？

网络广告是广告主以付费的方式，通过网站、App等网络媒介，以文字、图片、音频、视频或者其他形式，直接或者间接地向网络用户传递企业、品牌、产品或服务信息，以吸引网络用户，从而提升企业、品牌知名度或实现某一商业目的的一种营销活动。网络广告发布的形式多种多样,常见形式包括网幅广告、文本链接广告、搜索引擎广告、电子邮件广告、插播式广告、软件广告、在线游戏广告、视频广告、富媒体广告、移动广告等。如图4.1.3所示。

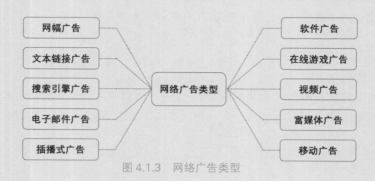

图 4.1.3　网络广告类型

1.网幅广告

网幅广告(banner)是以GIF、JPG、Flash等格式建立的图像文件,定位在网页中,大多用来表现广告内容,通常放在网页的最上面或是最下面。这是最早的网络广告形式。

2.文本链接广告

文本链接广告即在热门站点的Web页上放置可以直接访问的其他站点的链接,通过热门站点的访问,吸引一部分流量点击链接的站点。

3.搜索引擎广告

搜索引擎广告(SEA)是指广告主根据自己的产品或服务的内容、特点等,确定相关的关键词,撰写广告内容并自主定价投放的广告。

4.电子邮件广告

电子邮件广告(E-mail Advertising)是指通过互联网将广告发到用户电子邮箱的网络广告形式,它针对性强,传播面广,信息量大,其形式类似于直邮广告。

5.插播式广告

插播式广告是在一个网站的两个网页出现的空间中插入的网页广告。插播式广告有各种尺寸,有全屏的也有小窗口的,而且互动的程度也不同,从静态的到全部动态的都有。

6.软件广告

软件广告,通常指的是在应用程序中展示的广告,这些广告可以包含品牌信息、促销内容或其他形式的营销信息。

7.在线游戏广告

在线游戏广告是一种以游戏的形式来放置广告,以游戏为载体来进行广告宣传的全新广告模式。游戏广告利用人们对游戏的一种天生爱好心理和游戏本身的互动性提高广告的认知度。

8.视频广告

在视频流播放的间隙插入的广告也成为互联网广告的一种重要形式。根据插入位置的不同,视频广告又可以分为前插片、后插片、暂停等类型。

9.富媒体广告

富媒体广告一般指综合运用了Flash、视频和Javascript等脚本语言技术制作的，具有复杂视觉效果和交互功能的网络广告。

10.移动广告

移动广告是通过移动设备（手机、PSP、平板电脑等）访问移动应用或移动网页时显示的广告，广告形式包括图片、文字、插播广告、HTML5、链接、视频、重力感应广告等。

做一做

在任务案例中，百雀羚采用了哪些形式的网络广告？搜索该品牌各种形式的网络广告并汇总、分享。

第2步：借鉴优秀网络广告文案

优质的文案内容可读性强，具有记忆点，甚至可以打破时间的限制，无论过多久再细细品味依然能够让人眼前一亮。当洞察了用户痛点、生活方式、消费习惯后，依然发现自己写的文案少一些韵味，究竟如何才能写出脍炙人口的文案？我们可以从经典文案中找到一些规律。

知识窗

优秀网络广告文案有哪些规律？

无论创意上如何天马行空、独辟蹊径，文案归根结底还是要用文字来表达。

规律一：运用相同的核心字，让内容更押韵。

在很多的经典文案中，经常会发现在一个句子中，两次使用同一个词的现象，这样的使用不仅可以增强句子的韵律感，而且可以通过一个词语的重复使用，去突出句子的表达重点。

如：一面科技，一面艺术。——小米

一字千金，一字见心。——支付宝

重要的不是享受风景，而是成关风景。——方太

规律二：通过反义词运用，给用户留下更多的想象空间。

由于词义的两极差距，反义词同时应用，可以给读者留下巨大的感受空间，使句子整体增加张力。

如：离开，你变成外乡的大人；归来，你变回故乡的孩子。——微信红包

你的小生活，都是值得记录的大事件。——快手

今年很冷，听点热的。——腾讯音乐

规律三：运用连接词，增加内容的递进关系。

在很多经典的文案里，会高频率地出现一些典型连接词，这些连接词在突出逻辑重点和改变叙述语气方面，会起到很大作用。

如：如果敢拼一拼，生活它会给你想要的。——滴滴

没有物质的生活很可怕，但只有物质的生活更可怕。——超能洗衣液

第3步：创作网络广告文案

✎ 做一做

自选一个国货产品，结合其核心卖点，运用广告文案创作的 3 个规律，小组合作创作所选产品的网络广告文案，填入表 4.1.7。

表 4.1.7　创作网络广告文案表

选择的规律	网络广告文案

👤 知识拓展

扫描二维码学习经典广告文案。

经典广告文案
赏析

活动拓展

搜索百雀羚最新的广告文案，与该品牌初创期的广告文案进行比较，分析两者的区别。

活动 3　制订投放计划及策略

活动背景

创作优质的网络广告文案让李想有了很大的成就感，随后刘经理的话却给他当头一棒——即使有了好的网络广告文案创意，也不一定能够获得成功。由于网络广告投放不当而造成巨大浪费往往会让投放广告的商家血本无归。那广告投放如何将钱用在"刀刃"上，做到小预算大传播呢？这就需要制订网络广告的投放计划。

活动实施

第1步：分析受众人群

进行网络广告投放首先要针对产品做受众人群的分析工作，从年龄、性别、收入、职业、兴趣、偏好等方面的数据进行统计，分析出他们经常会访问的网站，然后分析他们的访问动机是否和广告投放目标一致。

🚄 行业直通车

精准定位，引爆流量

位于广州市海珠区的某商场，是集文化、餐饮、娱乐、购物、休闲于一体的至潮商业广场。经过受众分析，某广场将网络广告投放受众定位为周边人群，并通过大数据选取生活服务、餐饮美食、娱乐休闲、服装鞋帽箱包等兴趣行为标签对人群加以筛选细分，将海珠某广场第二届万味榜暨某广场城市美食节的活动信息推出去，吸引目标客户群体到店消费。该广告投放总共获得了50万条曝光量，收获了近百个公众号粉丝，取得了较好的效果。

第2步：选择网络广告投放方式

在明确了目标客户后，需要根据客户的接受性，选择好网络广告的投放方式，确保产品信息能够有效触达目标客户人群。

🔲 知识窗

网络广告投放的方式有哪些？

进行网络广告发布的时候，需要选择合法有效的相关平台及方式，可选择的方式主要有以下6种：

1.自有媒体投放

企业在自己的网站、App或社交媒体的企业账号、企业社群等进行广告投放，可对广告的内容、画面结构、互动方式等在遵守相关法律、法规、规章制度的基础上进行全面的、不受约束的策划。

2.直接投放

直接投放网络广告时应选择访问率高的媒体、有明确受众定位的网站。

3.网络广告代理商投放

专业网络广告代理商面向的网络媒体众多，类型不一，可以对不同类型网站进行横向比较，能更客观地分析判断每个网站的资源，进行科学的媒介选择，从而实现比较理想的广告效果。

4.网络广告联盟投放

集合中小网络媒体资源组成联盟，通过联盟平台帮助广告主实现广告投放，并进行广告投放数据监测统计，广告主则按照网络广告的实际效果向联盟会员支付广告费用。

5.网络广告交换

网络广告交换的途径可分为两种：广告主间网络广告的直接交换、网络广告交换网。

6.程序化广告

通过计算机程序的介入，自动完成广告的采买，并实现广告投放的最优化。它的出现让营销方式从"买媒介"向"买人群"转变。

🔍启智探究

上网搜索百雀羚的《一九三一》长图广告，思考以下问题：
(1)该广告主要通过哪些途径发布？
(2)你认为哪种途径的发布效果最好？

第3步：网络广告效果评估

在面对众多的网络广告平台和形式时，企业需要解决如何科学评估网络广告效果，提高投资回报率的难题，为广告投放提供科学依据和参考。

▣知识窗

网络广告评估常用的方法和指标有哪些？

随着互联网的迅猛发展，网络广告已成为企业宣传和推广的重要手段，其中网络广告效果评估是一个关键环节，它涉及对网络广告活动实施后效果的测量、分析和反馈，目的是检验广告活动是否达到了预期的效果。

1.广告曝光评估

广告曝光是指广告在用户的视线范围内出现的次数。广告曝光评估可以通过以下几种方式进行：

(1)PV(页面访问量)：PV是指网页完整加载的次数，即用户打开网页的次数。通过统计广告所在网页的 PV 可以评估广告的曝光量。

(2)UV(独立访客)：UV是指在一段时间内访问网站的独立访客数量。通过统计广告吸引的独立访客数量可以评估广告的覆盖范围。

(3)CPM(千次曝光)：CPM是指广告费用每千次曝光的价格。CPM 可以用来评估广告的曝光价值，高CPM说明广告曝光效果好。

2.广告点击评估

广告点击是指用户在看到广告后，主动点击广告的次数。广告点击评估可以通过以下几种方式进行：

（1）CTR（点击率）：CTR是指广告的点击次数与广告的曝光次数的比例。通过计算CTR可以评估广告的吸引力和点击效果，高CTR说明广告能够吸引用户的注意力。

（2）平均点击次数：计算广告平均点击次数也是一种评估点击效果的方法，即总点击次数除以广告的曝光次数。

（3）点击成本：点击成本是指每次广告点击所需付出的费用。通过比较广告点击成本可以评估广告的点击效果，并选择效果更好的广告。

3.广告转化评估

广告转化是指用户在点击广告后进行购买、注册或其他有价值行为的次数。广告转化评估可以通过以下几种方式进行：

（1）转化率：转化率是指广告转化次数与广告点击次数的比例。通过计算转化率可以评估广告的转化效果，高转化率说明广告能够促使用户进行有价值的行为。

（2）ROI（投资回报率）：ROI是指广告投资所带来的回报与广告投资之间的比例关系。通过计算ROI可以评估广告投资的收益情况，高ROI说明广告投资效果好。

综上所述，网络广告的效果评估需要综合考虑广告的曝光次数、点击率和转化效果。只有通过科学的方法和合适的指标，才能准确评估广告在推广过程中的效果和价值。

创新风向标

大数据赋能网络营销

某电商企业通过大数据网络营销，实现了销售额的显著提升。该企业首先建立了完善的数据平台，收集并分析用户的消费数据、搜索数据等。通过对数据的分析和挖掘，该企业发现某一类产品的销售额一直较低。经过进一步研究，发现这类产品的目标用户主要是年轻人，而该企业在这一群体的品牌知名度不高。于是，该企业制定了一系列针对年轻人的营销策略，包括在社交媒体上开展宣传、推出针对年轻人的促销活动等。通过这些措施的实施，该企业成功提高了品牌知名度和销售额。

做一做

进入58同城网，根据下列步骤查询58同城网的广告服务内容，完成表4.1.8的填写。

第1步：点击导航条中的"我要推广"，如图4.1.4所示。

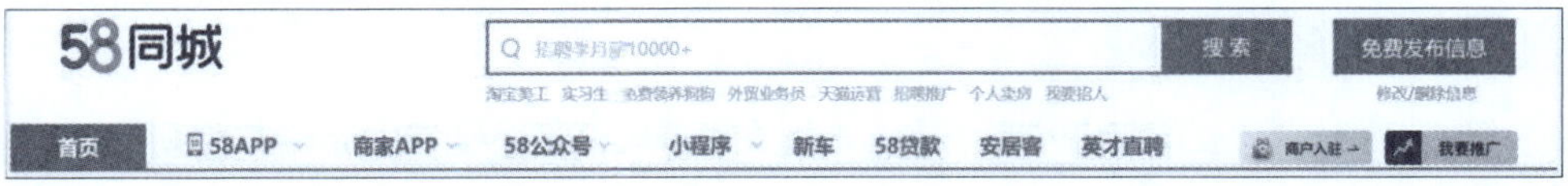

图 4.1.4　导航条——我要推广

第2步：在"我要推广"页面点击"前往会员商城"，如图4.1.5所示。

第3步：在"会员商城"页面选择"生活服务专属套餐"，如图4.1.6所示。

图 4.1.5　我要推广

图 4.1.6　会员商城

第4步：在"生活服务专属套餐"页面选择服务行业、业务类别、服务城市和套餐，如图4.1.7所示。

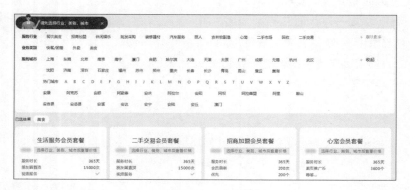

图 4.1.7　生活服务专属套餐

第5步：选择"生活服务会员套餐"并查看相应的服务和费用。请将查到的套餐内容填写到表4.1.8中。

表 4.1.8　我选择的套餐及费用说明

服务行业	
服务类别	
服务城市	
选择套餐	
套餐说明	

知识拓展

　　近年来，大家在浏览互联网时，经常会收到符号自己需求或浏览过的商品广告信息。扫描以下二维码告诉你这是为什么。

大数据智能广告精准投放，让广告更有价值

任务2 〉〉〉〉〉〉〉〉
策划品牌活动

任务引例

天猫：在城市奇遇人生

　　在2022年国庆假期，天猫超级品牌日开启了"在城市奇遇人生"的特别企划（见图4.2.1），天猫携手8大超级品牌，给那些在国庆假期在外地游玩的人们带来一次意想不到的奇妙人生体验。

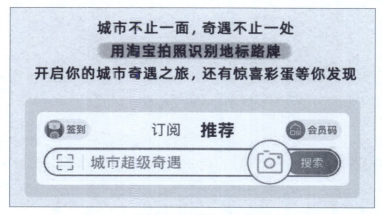

图 4.2.1　'城市超市奇遇"活动宣传海报

天猫在不同城市设置的奇遇线下打卡点，用户只要前往打卡点，使用淘宝拍照识别指定经典路牌即可解锁惊喜彩蛋，而错过线下的人们也可通过手机淘宝搜索"城市超市奇遇"获取相应的专属福利。

每一座城市不一样的地域特色也给人们带来不一样的奇遇体验，在宣传品牌的同时，也宣传着城市风采，城市不只一面，人生的每一面，都在等你去奇遇。

分析与启示

"在城市奇遇人生"特别策划活动对于天猫超级品牌日具有重要的意义。通过该活动，天猫超级品牌日能够提升品牌知名度、增加用户参与度、刺激销售增长、塑造品牌形象以及增强用户忠诚度。这对于品牌的发展和市场竞争具有重要意义。

活动1　制订品牌活动方案

活动背景

对于国货品牌来说，如何让消费者快速认同其品牌价值是营销的关键。经过前期的积累，李想开始有机会参与到品牌的推广活动中。刘经理提醒李想，为了确保活动有序地进行，往往需要预先制订好活动方案，活动方案要内容条理清楚、步骤清晰。

活动实施

第1步：明确活动主题

每一次的品牌活动首先都要明确活动核心主题，并围绕此主题展开活动策划，不要在一个活动中嵌入多个主题思想，这样策划出来的活动可操作性非常低。可以从以下两个方面构建活动的主题。

（1）以时间为主题

时间是品牌活动较为常见的主题。例如，天猫的"双十一"活动，就是以一个固定时间——每年11月11日进行促销活动。除了双十一之外，还可以以节假日，如六一儿童节、春节等为主题。

（2）以热点为主题

借势而起，植入当前热点信息以吸引用户的注意力和参与意愿。实时热点是人们最为关注的话题，策划活动时可以借助它们的"热势"，让自己的活动获得更多关注。社会热点、明星现状、生活热点等都可以作为活动策划的素材。

（3）以公益为主题

对企业来说，公益性质的活动往往拥有强大的群众基础，所以自带破圈属性，能帮助品牌在营销中获得更好的传播效果。结合公益活动策划品牌活动的价值就不仅能承担社会责任，也能给企业带来有商业价值的回报，因此，这种能够实现多方共赢的营销活动受到越来越多企业的青睐。

🌱 **创新风向标**

发光的石头，照亮大山里的诗歌节

2023年12月23日，中国银联在云南省保山市昌宁县漭水镇举办了一场"大山里的诗歌节"活动。以诗之名，以石为书。在过云五年里，大山里小诗人们的诗通过银联诗歌POS机公益行动被带到了很多大城市。

该活动的核心创意是"发光的石头"，创意的来源是以石头比喻山里的小诗人们，当石头放光，就是小诗人们的闪耀时刻，表达了"山里的孩子应当能被更多人看见"的理念。该活动利用深山和发光的石头形成了强烈的视觉冲击力，激发了用户的好奇心和惊喜感。

从这一活动可以看出，营销已进入价值营销时代，品牌传播的对象是企业的核心价值观，当用户持有同样的价值观时，他们就会和品牌站在一起，形成以共同价值为中心的品牌社区。

第2步：确定活动目标

活动目标是指本次营销活动要达到的目标，是策划活动的起点，对营销活动的策略和行动方案的拟订具有指导作用。

🔲 **知识窗**

如何确定活动目标？

与传统营销活动一样，网络营销的品牌活动也应有相应的活动目标，确定品牌活动的目标可使用SMART目标管理原则，具体包括以下五个基本原则：

(1) 具体的（Specific）：目标指标必须是具体的。

(2) 可衡量的（Measurable）：目标指标必须是可以衡量的。

(3) 可达到的（Attainable）：目标指标必须是可以达到的。

(4) 现实的（Realistic）：目标指标必须是实实在在的，可以证明和观察。

(5) 有时限的（Time-bound）：目标指标必须具有明确的截止期限。

从表4.2.1中的示例中可以看出，利用SMART目标管理原则能够使活动目标具体且可量化，提高活动的可行性和有效性。

表 4.2.1　SMART 目标管理原则示例

模糊目标	SMART 目标管理
带动流量	活动期间新增 1 W 粉丝
带动销售	7 天达到 3 万元的销量
提升品牌	活动参与达到 55%

第3步：确定活动对象

活动对象是指参与此次活动的人，即活动的目标人群。目标人群的确定，是为了在需求和产品之间找到最直接的关联关系。只有了解了活动对象的需求，针对性策划才能确保品牌活动的效果。明确活动对象后，围绕活动对象的需求、喜好来进行活动策划工作的开展。

第4步：确定活动时间

活动开展时间并不是随心所欲地进行选择，而是需要找准合适的时机，这样才有事半功倍的效果，且促销活动不能开展得太频繁，不然消费者会认为企业不管怎样做促销活动，都不会亏本或者认为企业不做促销活动时是故意抬高价格。这会严重影响企业声誉和营销活动的效果。

▢ 知识窗

线上促销活动何时才是好时机？

线上促销活动应该选择什么时机才合适呢？全年具体营销主题活动时间点和开展时间见表4.2.2。

表 4.2.2　全年营销主题活动时间点和开展时间

时机	当日时间	开展时间
春节	农历正月初一	一般在春节前进行年货节备货
元宵节	农历正月十五	前 3 天包括当天在内的共 4 天的任意时刻进行活动的开展
母亲节	每年阳历 5 月第二个星期	前后 2 天包括当天在内共 5 天的任意时刻进行活动的开展
儿童节	阳历 6 月 1 日	
端午节	农历五月初五	
父亲节	每年阳历 6 月第三个星期日	前 3 天包括当天在内共 4 天的任意时刻进行活动开展
七夕节	农历七月初七	
教师节	阳历 9 月 10 日	
中秋节	农历八月十五	
国庆节	阳历 10 月 1 日	前两天，后 6 天包括当天在内共 9 天的任意时刻进行活动开展
元旦节	阳历 1 月 1 日	前后 2 天包括当天在内共 5 天的任意时刻进行活动的开展
三八国际妇女节	阳历 3 月 7 日	前后 2 天包括当天在内共 5 天的任意时刻进行活动的开展
劳动节	阳历 5 月 1 日	
双十一	阳历 11 月 11 日	提前 20 天进行预热活动
双十二	阳历 12 月 12 日	提前 7 天左右开展活动

第5步：确定活动形式和内容

活动形式指具体要做一个怎样的活动，一般包括"活动类型、活动参与门槛、用户的参与步骤流程、奖品、兑奖流程"等。

例如：2022年天猫双11的活动形式"三重优惠"：第一重1 700万商品集体打折，第二重全场跨店每满300减50，第三重88VIP会员再领820元大额券，而且三重优惠可以叠加使用。

如今，企业利用活动进行营销活动已经是一种司空见惯的手段了。活动策划者还应遵循体现创新性原则，在活动中嵌入一些能让人们感到新意十足的内容，可以大大增加活动对人们的吸引力。

第6步：确定宣传渠道

一个优秀的活动也怕无人知道，所以必须在活动前争取最大的曝光量。活动策划者在选择宣传渠道时，需要考虑其渠道是否能为活动带来最大化的效果，不然活动宣传就会变成一种又"烧钱"又无用的活动策划策略了。

随着抖音、快手、B站、小红书等自媒体平台的崛起，用户的消费决策路径已经发生改变，流量也被分散到了多个平台，每个平台的规则和用户标签不一样。品牌的目标用户同样也被分流到各个平台和圈层，多渠道营销比以前集中的媒体轰炸的时代更难了。

在对投放渠道进行选择的时候，一定要确定品牌的用户群体，根据自身产品的特点来进行有效的推广。

✎ 做一做

某线上旅游公司计划在五一小长假期间在线上做一个营销活动，想要通过线上的活动营销增加品牌的曝光度。作为该活动策划小组成员，请你撰写一个营销活动方案，完成表 4.2.3。

表 4.2.3　营销活动方案表

活动主题	
活动目的	
活动时间	
活动群体	
活动内容	

活动2 撰写网络品牌推广软文

活动背景

软文推广是品牌营销的重要手段，一篇好的软文能吸引读者主动阅读，将营销信息传递给目标受众。为了更好地推广国货品牌，李想决定挖掘品牌优秀的中华传统文化特色，撰写网络推广软文，助力品牌焕发活力。

活动实施

□ 知识窗

什么是软文？

软文是指所有含有软性宣传的文字内容，通过文章内容与广告完美结合，让用户在不受带有强制性的"硬广告"的宣传下接收到营销信息，从而达到广告宣传效果。软文也称广告文学，追求的是一种春风化雨、润物无声的传播效果。例如图4.2.2中，百雀羚微博软文，这种通过软文可以传递品牌的情感价值。

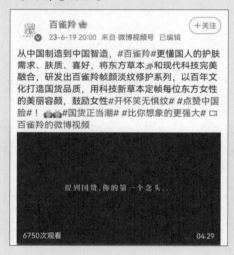

图 4.2.2　百雀羚的微博软文

软文可以提高品牌知名度、美誉度、流量和销量。软文的类型包括新闻型软文、行业型软文和用户型软文三种，它们分别适合不同的传播目的和平台，每种类型软文内容如图4.2.3所示。

（1）新闻型软文

新闻型软文多被用来为企业做宣传推广，它可以通过多种角度、多个层面来为用户诠释企业的文化、品牌的介绍、产品的原理、利益的承诺，可以快速地传播企业的资讯乃至可以指导消费者购买的决策。

（2）行业型软文

行业型软文指从专业的角度对行业或者产品服务进行分析、评论，写作此类文章的人员通常比较了解该行业的专家或有深入了解的人士，能够给读者提供专业的知识和见解，进而影响他们对相关产品或服务的看法。

（3）用户型软文

用户型软文是以一般用户或者第三方的切身真实体验，传播品牌或者产品的优点、正面形象、企业实力、服务质量等。

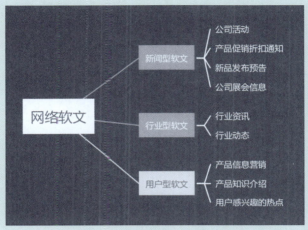

图 4.2.3　网络软文的类型

对于品牌推广软文来说，无论是哪种类型的品牌推广软文，好的质量一直都是支撑其效果能否实现的核心基础，所谓皮之不存，毛将焉附。

因此，品牌想要做好软文营销，需要从写好一篇文章开始。

第1步：明确推广软文的主题

当下网络软文铺天盖地，低质量软文大多有个通病，便是不知所云。这不仅不能达到推广目的，还会给消费者造成负面影响。因此，在做软文营销之前，确定本次营销目标，明确文章的主题十分关键。从文章形式而言，主题明确的文章，具有一定的凝聚力，可以避免文章过于散漫，而支撑不主文章观点。从文章影响效果来讲，目的鲜明的文章可以牢牢抓住读者的眼球与思维，从一而终地论述中心思想，让人一眼就能明了文章内容，有利于讨论与传播。

确定软文的主题，最关键的是要清楚用户的需求，在撰写品牌软文前之前，需要知道谁阅读你的软文，可以从性别、年龄、行业、职位等角度入手，你的文章想写给哪类消费者看。在了解了我们面对的用户群体后，就要考虑用户想要看到什么样的内容类型，并以比确定软文的主题。表4.2.4体现了某户外防晒产品的推广软文主题确定的思路。

表 4.2.4　某户外防晒产品的推广软文主题

目标用户分析	用户兴趣	推广软文主题
年轻女性，收入中高端，爱好户外运动，注重户外防晒、皮肤美白、抗衰	关注户外运动、旅游度假、防晒产品等方面的资讯	《户外放松指南》 《你的防晒霜实用手册》 《我们穿防晒衣，是为了拥抱太阳》

✎ 做一做

请关注百雀羚的微信公众号,选择一篇公众号推广软文,分析该文章是基于怎样的营销目的和用户需求,并填写在横线上。

(1) 推广软文标题:＿＿＿＿＿＿＿＿＿＿＿＿＿＿＿

(2) 营销目的:＿＿＿＿＿＿＿＿＿＿＿＿＿＿＿＿＿

A.营销品牌　B.推广产品　C.其他＿＿＿＿＿＿＿＿＿＿＿＿

(3) 目标受众:

①性别:＿＿＿＿＿＿＿＿＿＿＿＿＿＿＿＿＿＿＿＿＿

②年龄:＿＿＿＿＿＿＿＿＿＿＿＿＿＿＿＿＿＿＿＿＿

③收入情况:＿＿＿＿＿＿＿＿＿＿＿＿＿＿＿＿＿＿＿

④兴趣或喜好:＿＿＿＿＿＿＿＿＿＿＿＿＿＿＿＿＿

第2步:起好推广软文的标题

标题对软文来说非常重要,直接影响文章的点击率。好的标题可以吸引读者产生强烈的点击欲望。作者为实现这一效果,可以适当地使用"夸张"但又不过分夸大的方式进行标题表达。如果过分表达,很多时候就算能够提升文章"点击率",但效果会大打折扣,因为期待值被拉太高,文章内容如果无法满足读者期待,反而会适得其反。

▢ 知识窗

推广软文的标题可以怎么起?

一个好的标题是促进软文广泛传播的利器,软文的标题不仅要突出优点,而且还要新颖,能够吸引用户的兴趣。表4.2.5整理了4种标题类型,帮助大家掌握营销软文标题的技巧。

表 4.2.5　软文标题的类型

标题类型	要　点	案　例
数字型	善用阿拉伯数字提高标题辨识度,更容易被人看见	《拆解了100个爆款视频后,我总结了上热门的3个方法》
痛点型	抛出用户痛点,提供解决方案,激发用户点击欲望	《30岁还一事无成?看看这5本书》
冲突型	给用户营造一种"不可能"的感觉,颠覆大众认知,让读者产生好奇心	《有种高级的自律,叫做"暂停"》《今年不过父亲节》
利益型	强调对用户的好处,可以正面强调,也可以反面强调不看会损害自己的利益	《干货!12个写作模板帮你打造网络爆文》

第3步：打造优质软文内容

软文其精妙之处在于"软"，让用户不受制于强制性广告，使阅读体验和植入信息兼具。因此，品牌在推广软文中不能是主角，但是，因其要体现推广作用，所以它又是必须存在且分量不轻的角色。另外，在角色植入之余，品牌还需要在文中体现其价值，不然推广的效果将会大打折扣。

▣ 知识窗

撰写软文有哪些技巧？

1.找到品牌的独特性

品牌推广文案需要突出品牌的独特性，即通过品牌的特点和优势，来与其他竞争品牌进行区分。因此，在撰写品牌软文时，要详细了解品牌的特点、优势和目标受众，找到最能代表品牌的关键词和描述，融入软文中，来呈现品牌的独特魅力。例如一档综艺节目以"大美中国，乘风而上"作为推广软文的主题（见图4.2.4），文章里"听风、逐风、乘风，最终成为风的一部分"，体现了现代女性的精神，更是彰显出节目的价值观，契合了目标受众的情感需求。

图 4.2.4　品牌软文《大美中国，乘风而上》

2.突出用户的需求

品牌软文主要的目的是吸引消费者的关注和购买。因此，在撰写品牌文案时，需要突出消费者的需求，需求与品牌相符的诉求点，从用户的角度出发，把需要宣传的品牌信息嵌入软文的内容中，这样软文才能真正起到作用。在图4.2.5中，某冲锋衣品牌的软文就直接以用户的需求作为切入点。

3.借势热点进行传播

热点话题自带病毒式传播性。一个好的热点话题，往往能给品牌推广软文提供素材和撰写思路。热门的人物、节日、地点、事件等都是非常好的题材。例如，某手机品牌的借势父亲节，发布了软文《今年不过父亲节》，如图4.2.6所示。

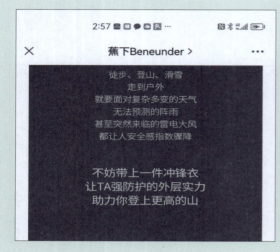 

图 4.2.5　某冲锋衣品牌推广软文　　　　图 4.2.6　品牌软文《今年不要过父亲节》

4.注意文案的可读性

如果一篇软文通篇都是文字，很少有人会继续阅读下去，不够精美的配图也会流失一部分用户，图文并茂能够让人增加真实感，所以在写软文的时候，往往需要加上一些相关的图片。

🚄 **行业直通车**

百雀羚品牌推广软文——《妈！该你上场了》

百雀羚的公众号在母亲节前推广发布了一篇名为《妈！该你上场了》的推广软文。该文章开头以"不管长多大，有事就喊妈妈开门"引入，并通过3个场景的图片，描述生活中常见的求助妈妈的案例（见图4.2.7），迅速唤起读者的共鸣。

图 4.2.7　图文并茂展示生活中"求助妈妈"的场景

在简单的举例后，文章开始过渡到主题"妈妈的主场，听她的"，展示妈妈的主场装备，同时植入产品，如图4.2.8所示。

图 4.2.8 品牌推广软文中的产品植入

从文案中可以看出品牌想表达的思想：无论妈妈身处何处，只要拥有她的主场装备，就可以很强大。而这个主场装备中就悄无声息地植入了产品。文中特定场景或内容的图文，让读者产生情感共鸣，从而实现品牌价值输出及加深印象的作用。

✎ 做一做

百雀羚公司洞察到男性消费者对皮肤保养的需求上升明显，因此推出了男士护肤产品，并希望在父亲节前撰写一篇推广软文，请借鉴《妈，该你上场了！》的软文，尝试撰写一篇百雀羚男士护肤品的推广软文。

思行园地

做积极健康、向上向善的网络文化传播者

近年来，互联网、大数据、云计算、人工智能、区块链等信息技术加速创新发展，成为推动社会生产生活方式变革的重要力量。各类互联网应用持续发展，网络空间已经成为人们生产生活的新空间。

习近平总书记指出："网络空间天朗气清、生态良好，符合人民利益；网络空间乌烟瘴气，生态恶化，不符合人民利益。"党的二十大报告对加快建设网络强国作出了重要战略

部署,并提出要坚持发展和治理相统一、网上和网下相融合,广泛汇聚向上向善力量。品牌推广软文的创作者承载着优秀文化传承和宣传的作用,肩负企业价值传播的主要责任,必须发挥互联网在传播真善美、传递正能量中的作用。因此,软文创作者必须具备良好的职业道德和正确的价值取向,切忌为了"博眼球"而语不惊人死不休,绝对不能做出突破社会道德底线、违背社会主流价值观,破坏网络传播秩序的事情。

▣ 知识拓展

软文内容决定用户是否能看完,渠道决定有多少用户能看到,那软文推广的渠道又有哪些呢?请同学们扫描二维码学习。

软文推广的渠道有哪些

活动拓展

同学们已经学习了软文的推广有哪些渠道,请选出三家当下流量较大的平台,分析其主要用户群以及平台的优劣势,并填入表4.2.6中。

表 4.2.6　软文推广平台分析表

推广平台	主要用户群	平台优势	平台劣势

活动 3　整合线上线下营销

活动背景

随着移动互联网的日益发展,新零售概念快速普及,整合线上线下营销逐渐成为必然趋势,线上线下的结合可以将双方的资源优势弥补各方存在的营销短板进行整合,达到资源效益的最大化。对于李想来说,如何开展整合营销还是个难题,他开始思考如何让线上的营销方案与线下消费更好地融合。

活动实施

第1步：认识线上线下整合营销

什么是线上线下整合营销？

线上主要是指依托互联网电商进行的各种行为，如线上交易、线上推广等；而线下主要是指传统贸易所进行的各种行为，如开店交易、广告海报张贴推广等。而将"线上线下"两种模式结合起来的营销模式就成为线上线下整合营销，如图4.2.9所示。

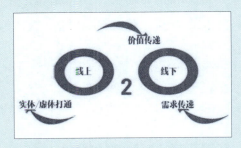

图 4.2.9 线上线下整合营销示意图

与传统营销相比，线上线下资源整合可以通过优势互补、共享供应链、精准营销等举措，加强用户黏性，在发挥最强竞争力的同时，对企业的助力作用也是与日俱增。

🚄 行业直通车

双十一前夕，重庆百货与支付宝合作，开展了"支付宝超级红包雨"空降重庆解放碑重庆百货大屏的活动，成功地将线上线下的流量引流到实体门店。

"商圈红包雨"优惠活动，是通过支付宝小程序在重庆百货商圈向消费者发放红包优惠券，并利用户外LED媒体进行宣传。在用户领取后，基于位置定位，走几步路即可抵达商场进行消费，把用户从线上引导到重庆的百货门店，覆盖最有潜力、消费链路最短的用户到店转化，实现了精准导流，打破了互联网时代百货商圈的困境。

据悉，重庆百货与支付宝合作进行了37次营销，营销费用下降了60%，却达到了更好的营销效果。这其中，除了支付宝的线上红包雨助力之外，重庆百货大屏也功不可没（见图4.2.10）。

图 4.2.10 重庆百货户外 LED 大屏播放支付宝宣传广告

第2步：明确整合策略

线上线下整合营销策略主要是将线上和线下渠道相互结合，通过协同运作，实现更有效的市场推广和销售效果。可以根据企业的特点和市场需求选择以下策略：

（1）多渠道宣传：在线上和线下同时进行广告投放，通过多个渠道传播品牌形象和产品信息，提高曝光度。

（2）电商与实体店联动：在电商平台上开设虚拟门店，并与实体店进行联动，实现商品展示、在线购买、到店取货等服务。

（3）线下活动引流：利用线下活动吸引目标客户到实体店或活动现场，通过优惠券、抽奖等方式增加客户黏性。

（4）线上社交媒体推广：借助社交媒体平台如微信、微博等进行品牌推广和产品宣传，引导用户到实体店购买或参与线下活动。

（5）数据共享与整合：将线上和线下的销售数据进行整合分析，了解客户行为特征和消费偏好，为精准营销提供依据。

（6）优惠券和促销活动：在实体后购买后赠送优惠券，在线上购买可到实体店使用，增加用户转化和复购率。

（7）体验式营销：通过线下展示、试用等方式提供产品体验，吸引客户到实体店进行购买或线上下单。

（8）线上引流线下：通过在线上渠道推广实体店的优惠活动、特色服务等，吸引用户到实体店消费。

第3步：策划跨渠道互动活动

跨渠道互动活动主要是鼓励线上用户到实体店参与活动，或者通过线下活动引导客户到线上平台进行购买和互动。

🔎启智探究

某健身类App主要的用户群体是位于一、二线城市中高收入人群，从人群画像上来看，他们多数接受过良好的教育、以"90后"女性群体为主，并拥有较高的消费能力和消费意愿。为了触达的更多核心目标消费者，该App以"能量补给"为主题，打造了一场线上线下的联动营销。

在线上，该App借助社区庞大的用户流量和运动氛围发起"挥汗不畏辛酸，自然更至燃"活力比拼魅力运动挑战赛，并将用户划分阵营进行线上能量较量，以创意的形式吸引了超过用户的报名。

线下，联动某保健品品牌发起"能量补给派对"定制课程体验，现场提供"能量至燃礼盒"和"能量补给兑换机"等产品，用户凭借课程的卡路里耗费排名，即可从兑换机中换取奖品。

试分析一下，该活动之所以成功是满足了目标用户的哪些需求。

✎ 做一做

ABC 服装品牌希望通过策划一次跨渠道互动活动来提高品牌知名度和销售额，请小组讨论并拟订一个合理的活动方案，填入表 4.2.7。

表 4.2.7   ABC 服装品牌跨渠道互动活动方案表

活动时间	
活动地方	
活动目标	
活动内容	

🖳 知识拓展

扫描二维码可以了解瑞幸咖啡在线上线下整合营销中的成功案例。

软文推广的渠道有哪些

活动拓展

请谈一谈瑞幸的线上线下整合营销策略为何能取得成功？

项目检测

1.单选题

（1）人们购买制冷的空调主要是为了在夏天获得凉爽空气，这属于空调产品整体概念中的（   ）层次。

A.核心产品　　　　　　　　　B.形式产品

C.无形产品　　　　　　　　　D.整体产品

（2）西安格力空调提供加氟、移机、安装，承接政府机关、家庭、公司、工厂、学校、医院，单位的各种空调清洗维修保养，专业师傅上门服务。这属于空调产品整体概念中的（   ）层次。

A.核心产品　　　　　　　　　B.形式产品

C.无形产品　　　　　　　　　D.整体产品

（3）以下哪个不是品牌的作用？（   ）

A.增强识别　　　　　　　　　　　B.信用背书

C.创造溢价　　　　　　　　　　　　D.提高价格

(4)FABE营销法则中的A指的是(　　　)。

　　A.特征　　　　　　　　　　　　　　B.证据

　　C.利益　　　　　　　　　　　　　　D.优势

(5)产品说明书在FABE营销法则中属于(　　　)。

　　A.特征　　　　　　　　　　　　　　B.证据

　　C.利益　　　　　　　　　　　　　　D.优势

(6)USP理论强调的是产品的(　　　)。

　　A.特点　　　　　　　　　　　　　　B.同质卖点

　　C.独特卖点　　　　　　　　　　　　D.共性

(7)每千次印象费用是(　　　)。

　　A.CPO　　　　　　　　　　　　　　B.CPT

　　C.CPM　　　　　　　　　　　　　　D.CPA

(8)常见的网络广告形式不包括(　　　)。

　　A.路牌广告　　　　　　　　　　　　B.旗帜广告

　　C.电子邮件广告　　　　　　　　　　D.信息流广告

(9)善于运用(　　　)人称,让文案更亲切。

　　A.第一　　　　　　　　　　　　　　B.第二

　　C.第三　　　　　　　　　　　　　　D.第四

(10)双十一促销是以(　　　)为主题的营销活动。

　　A.空间　　　　　　　　　　　　　　B.节气

　　C.时间　　　　　　　　　　　　　　D.热点

(11)护肤品聚焦女性的"第一道纹",从女性痛点到话题引爆再回归产品的闭环营销。这是采用了(　　　)营销理论。

　　A.STP　　　　　　　　　　　　　　B.USP

　　C.FABE　　　　　　　　　　　　　　D.4P

(12)企业在自己的网站、App或社交媒体的企业帐号、企业社群等进行广告投放属于(　　　)。

(13)SMART目标管理原则不包括(　　　)

　　A.具体的　　　　　　　　B.可衡量的

　　C. 可达到的　　　　　　　　　　　D.无期限的

(14)利用社会热点、明星现状、生活热点为主题是指(　　　)

　　A.以时间为主题　　　　　　　　　B.以八卦为主题

　　C.以热点为主题　　　　　　　　　D.以故事为主题

(15)(　　　)是策划活动的起点,是思考的源头。

　　A.确定活动对象　　　　　　　　　B.确定活动目的

　　C.确定活动时间　　　　　　　　　D.确定活动形式和内容

　　　A.直接投放　　　　　　　　　B.网络广告联盟投放
　　　C.自有媒体投放　　　　　　　D.以上都不是

2.简答题

（1）网络广告投放的途径有哪些?

（2）列表简要说明网络广告的主要收费模式有哪些?

（3）简述FABE营销法则。

（4）优秀网络广告文案有哪些规律?

（5）简述品牌的推广活动方案的步骤。

3.案例分析题

999 感冒灵暖心广告"总有人偷偷爱着你"

营销背景:

999感冒灵的目标是重塑品牌形象,打造全新"走心"形象。通过传播"有人在偷偷爱着你"治愈片,传递999全新品牌态度及社会形象。

营销目标:

通过线上资源整合,增加曝光度,扩大影响力,引发话题讨论。发起#有人偷偷爱着你#话题;进行一场999感冒灵品牌全新"走心"品牌形象的社会传播。

策略与创意:

内容策略:通过城市"丧文化"引发共鸣,以5个真人故事改编,运用反转剧情,把生活中的"丧"转化为"天使在身边的温暖",直击社会情绪的敏感点,拥抱"丧文化",告诉大家这世界没你想的那么糟,这世界总有人在偷偷爱着你,对社会进行一场心灵治愈,重塑999品牌"走心"形象。

传播策略:三段式立体化推广计划,官博首发暖心视频全网发布,通过情感类KOL转发视频造势,并上线#有人偷偷爱着你#话题。后续通过品牌跨界、暖心礼包话题发酵,由行业总结文引发全面刷屏关注。

营销效果:

发布期间"999感冒灵"百度指数已翻倍增长,30天移动端百度指数同比增长130%;发布第2日999感冒灵微信指数增幅1 177%、短片关键词"有人偷偷爱着你"微信指数增幅891%;999感冒灵微博指数10倍增长。

阅读案例,回答下列问题。

（1）999感冒灵为什么需要重塑网络品牌?

（2）999感冒灵此次活动针对的目标群体是什么?

（3）999感冒灵此次线上活动通过哪些线上平台来开展?

项目 5
引爆网络流量

☐ 项目综述

　　流量是网络营销中的关键词，网络营销的最终目的是让更多的目标客户浏览到信息，并且变成客户；而引流，正是为了让更多的人看到和关注。"工欲善其事，必先利其器"，要想引流，就要根据市场需求和用户特点，选择不同的推广工具。随着网络营销的演变和发展，不断涌现出新的营销工具和方式，本项目聚焦当下主流的搜索引擎营销、社交媒体营销和多媒体营销，探索如何利用网络推广工具，整合多方面的网络资源，为企业及其产品引爆网络流量。

☐ 项目目标

　　通过本项目的学习，应达到的具体目标如下：

素质目标
◇培养熟练的推广能力，提升职业素养；
◇培养创新思维，提升创新意识；
◇增强交流合作、解决问题的团队精神和沟通能力。

知识目标
◇掌握SEO优化的概念和方法；
◇理解搜索引擎营销的特点和方式；
◇掌握社交媒体营销的方式；
◇掌握多媒体营销的方式。

能力目标
◇能够根据不同推广方式注册不同平台会员，开展简单的网络推广活动；
◇能够设计简单的推广方案，策划推广活动；
◇能够总结归纳不同推广方式的优势和劣势。

□ **思维导图**

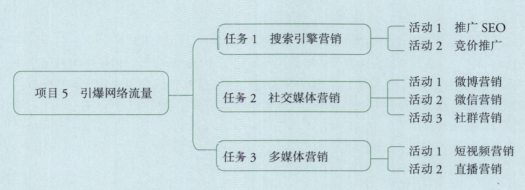

任务1 ▶▶▶▶▶▶▶
搜索引擎营销

任务引例

优化关键词选取，达成航空物流订单销量翻番增长

深圳一家新成立的航空物流公司，在前期的市场调研中发现，有65%的企业在做空运决定前，会进行至少3次搜索；有29%的企业会进行5次以上搜索。用户关注的信息主要体现在三个层面：价格、服务和航空物流公司的详细信息。

该公司充分利用百度搜索引擎营销，针对这三个层面的信息，分别对百度营销关键词的选择以及结果的呈现方式做了优化，使相关关键词的自然搜索结果都出现在百度搜索引擎前几页。通过这种方式，在用户做出决策前就与之充分互动，将企业预先知晓的航空物流信息精准有效地传达，快速获取了大量的客户资源，在广告预算没有增长的情况下，该公司在百度搜索营销产生的销售业绩增长超过两倍。

分析与启示

这家航空物流公司案例告诉我们，搜索引擎营销能够告知客户在购买周期内关注的细节是什么，如何把握这些细节。若能在搜索引擎营销信息中提升与客户的信息传达能力，并且时刻优化这些信息，更好地解决用户需求，让市场销售人员和用户保持互动环节，就能对销售产生实际的促进意义。

活动 1　推广 SEO

活动背景

临近双十一，业务量激增，李想被临时抽调到产品推广部，因此有机会接触各类网络推广方式。部门经理李经理告诉李想，随着网购占比的增加，消费者习惯了使用搜索引擎查找商品，在搜索引擎上排名越靠前的品牌或商品越容易被检索者看见。开展网络推广时，商家如何在众多竞争对手中获得靠前的排名让网络消费者看见呢？李想决定先学习李经理提到的SEO技术。

活动实施

第1步：学习SEO基础知识

对于新手来说，想要做好SEO，首先要掌握SEO基础知识。

🔲 知识窗

什么是 SEO？

搜索引擎是指根据一定的策略，运用特定的计算机程序从互联网上搜集信息，为用户提供检索服务的系统。搜索引擎收集了互联网上几千万到几十亿个网页，并对网页中的每一个关键词进行索引，建立了索引数据库。当用户查找某个关键词的时候，搜索引擎就开始搜索预先整理好的网页索引数据库，所有在页面内容中包含该关键词的网页都将作为搜索结果被搜索出来，如图5.1.1所示。在经过复杂的算法排序后，这些结果将按照与搜索关键词的相关度高低，依次排列。

图 5.1.1　搜索引擎的工作原理

通常来说，用户在查看搜索结果时只会留意搜索结果靠前的内容，因此企业网站在搜索引擎中的排名越靠前，被用户关注的可能性越大。搜索引擎排名可以分为两种：竞价排名和自然搜索排名,如图5.1.2所示。竞价排名是指给搜索引擎付费使排名靠前;自然搜索排名是指搜索引擎根据网站的快照页面进行排序。开展SEO,就是为了提高自然排名。

图 5.1.2　竞价排名和自然搜索排名的区别

　　SEO是搜索引擎优化(Search Engine Optimization)的缩写,是指通过分析搜索引擎的排名规律,对网站进行有针对性的优化,提高网站在搜索引擎中的自然排名,从而提高网站流量,提升网站的销售能力和宣传能力的过程。

　　SEO优化包含站内SEO和站外SEO两方面:站内SEO是指网站结构和页面优化,如网站内容的优化、页面HTML代码等;站外SEO是指增加外部链接,如友情链接、论坛链接等。

第2步:优化关键词

🔲 知识窗

什么是关键词?

　　关键词(Keywords)是SEO中最重要的一个词汇。关键词是指目标客户在寻找产品和服务的过程中,在搜索引擎时输入的词或短语。企业通过研究关键词对网站上的内容进行修改和调整,就有可能在搜索引擎中获得更高的排名。因此,找到关键词是SEO中的核心工作。关键词分为核心关键词和长尾关键词。

　　1.核心关键词

　　核心关键词一般是精准且准确到内容或者产品的词。直接搜索核心词的用户往往是对产品和服务有需求的,因此核心关键词的精准性高,可以确保为网站带来流量。

2.长尾关键词

长尾关键词是核心关键词的一个扩展,例如"手机"是核心关键词,那么"华为智能手机"就是一个长尾关键词。长尾关键词可以按照很多维度进行扩展,扩展的目的是捕获更多的流量。通过百度指数可以查询到相关的长尾关键词,如"华为手机",如图5.1.3所示。

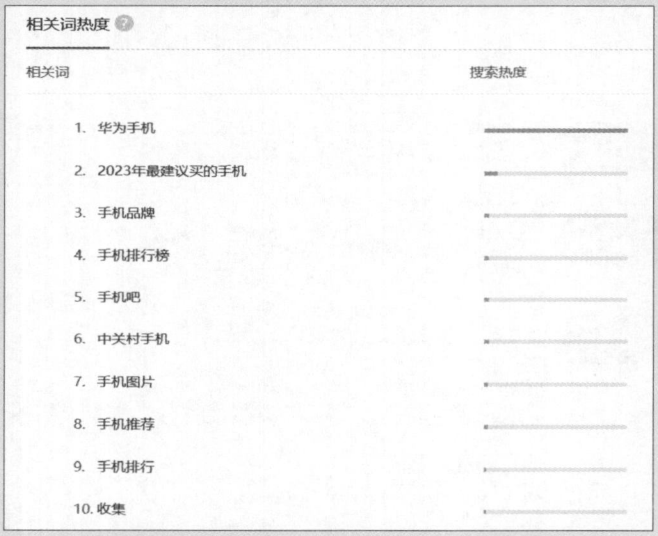

图 5.1.3　利用百度指数查找长尾关键词

✎ 做一做

某鲜花配送网站开业后发现其网站的浏览量比较低,希望通过 SEO 提高用户的搜索量,他们要做的第一步就是找到优化的关键词。请同学们跟着以下步骤筛选出合适的关键词。

(1)头脑风暴。主要思考和讨论 3 个问题:用户可以了解什么?用户可通过你的网站解决什么?如果你是用户,你会怎么搜索关键词去了解这个产品呢?只要具备一定的常识并且了解自己的产品,就一定会列出至少十个备选关键词。请将这些关键词填在下划线上。

鲜花配送网站关键词:

_____

(2)研究竞争对手及其网站。另一个备选关键词来源是竞争对手。查看竞争对手网站首页源文件,关键词标签列出了什么关键词?标题标签中又出现了什么关键词?有实力的竞争对手应该已经做了功课,他们的网站所针对的关键词很可能就是不错的选择。请你通过在百度搜索关键词"鲜花",然后进入自然排名第一的竞争对手的网站,在首页点击右键,选择"查看页面源代码",然后找出标签"keyword"(见图5.1.4)后面的关键词,并填入下划线上。

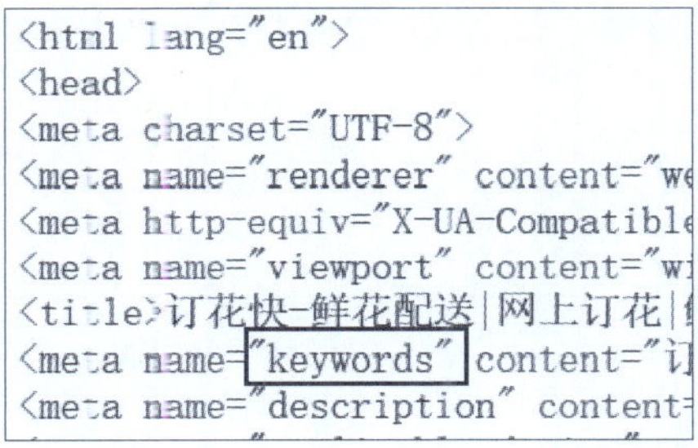

```
<html lang="en">
<head>
<meta charset="UTF-8">
<meta name="renderer" content="we
<meta http-equiv="X-UA-Compatible
<meta name="viewport" content="wi
<title>订花快-鲜花配送|网上订花|钅
<meta name="keywords" content="订
<meta name="description" content=
```

图 5.1.4　鲜花配送网站的关键词标签

竞争对手网站关键词：

_____

（3）利用百度指数筛选关键词。很多有效的工具能够帮助筛选搜索量比较高的关键词，百度提供的关键词分析工具"百度指数"也具备这个功能。进入"百度指数"网站，在搜索栏输入"鲜花配送"，如图 5.1.5 所示。

图 5.1.5　在百度指数首页输入核心关键词

在显示的结果中点击"需求图谱"（见图 5.1.6）即可查看关键词分析结果。

图 5.1.6　百度指数关键词分析页面

请同学们在关键词分析页面中找出搜索指数和相关性都比较高的关键词填入下划线上。

百度指数分析的关键词：

_____

第3步：设置网站TDK

□ 知识窗

什么是 TDK？

TDK是三个英文单词的缩写，分别是Title（标题）、Description（描述）、Keywords（关键字）。在SEO中，TDK通常用于描述一个网页的基本信息以及这些信息如何被展示在搜索结果页面中。

每个网页的TDK信息应当精心设计和优化，以支持更好的搜索结果展示和更高的流量来源。标题和描述的质量和相关性可以影响排名，最佳的做法是仔细制订丰富、精确、相关和高效的TDK元素来增强搜索引擎优化。

在浏览器网站页面中点击鼠标右键，进入"查看源代码"即可查看该网站的HTML代码，图5.1.7是网易的首页HTML代码。在代码中找到Title（页面标题）、Keywords（关键词）、Description（描述）等标签。

```
<title>网易</title>
<link rel="dns-prefetch" href="//static.ws.126.net" />
<base target="_blank" />
<meta name="Keywords" content="网易,邮箱,游戏,新闻,体育,娱乐,女性
<meta name="Description" content="网易是中国领先的互联网技术公司,
<meta name="robots" content="index, follow" />
<meta name="googlebot" content="index, follow" />
<link rel="apple-touch-icon-precomposed" href="//static.ws.126.ne
<script type="text/javascript" keep="true">
```

图 5.1.7　网易网站首页 HTML 代码

1.标题（Title）

标题是对网页内容的精炼描述，应该是简明扼要，同时也能够吸引用户点击。最好将网页的主要关键词放在标题中，并确保标题不超过60个字符。网易网站的Title就是"网易"。

2.关键词（Keywords）

关键词应基于网页内容及其主要特点。最好将关键词放入网页的META标签中，以便搜索引擎更好地理解网页的内容。

3.描述（Description）

网页描述应该对网页内容进行简要的介绍，同时也应该包含与网页相关的主要关键字。描述应该清晰、直接，以吸引用户进一步浏览网页内容。

做一做

尝试利用表 5.1.1 优化学校官方网站的 TDK。

表 5.1.1　学校官方网站 TDK 优化表

页面优化项目	作用	优化思路	网站原代码	优化后代码
Title 标签	用于告诉用户和搜索引擎当前页面的核心内容	突出这个页面需要描述的最重要的信息，带上网站的关键词，而关键词之间要使用有效的符号，建议不超过 60 个字符		
Keywords 标签	告诉搜索引擎当前页面内容的关键词	页面关键字一般 4 个左右为宜，最多不超过 10 个。排在越前面的关键词越占优势		
Description 标签	对标题的扩充，对网页内容的简单概括	用一句精准的话语概括出整个页面，内容精简，关键字出现 3 次最佳，字符数建议控制在 152 个字符以内，内容尽量激发浏览者的点击欲望		

第4步：内容优化

在搜索引擎优化中，"内容为王"的观点普遍适用。从浏览者的角度来看，网上的信息通常并不能完全满足所有用户的需要，每增加一个网页的内容，就意味着为满足用户的信息需求付出了一点努力。因此，网站内容推广策略基本出发点是可以为用户提供有效的信息和服务。这样，无论用户通过哪种渠道来到网站，都可以获得详细的信息。

在前期的工作中，已经找到了优化的关键词，在这个步骤中就要想办法把这些关键词融入网页的内容中，包括标题、正文和超链接等。

第5步：站外SEO优化

站外SEO是指在不对网站本身进行任何更改的情况下，努力提高网站的免费搜索引擎排名。其中最常见的站外SEO优化策略是链接建设。链接建设是让其他网站链接到自身网站的过程。在SEO中，这些链接称为外链。页面或域名的外链越多，在搜索引擎看来就越有权威性，尤其是当这些反向链接来自本身就很权威的域名时。因此，我们需要查询网站的外链。

首先，进入"站长之家"网站，在"SEO优化"工具中点击"反链外链查询"，如图5.1.8所示。

图 5.1.8 "站长之家"网站的反链外链查询入口

然后，在反向链接的搜索栏中输入要查询的网站网址，就能够查询到网站的外链情况，如图5.1.9所示。我们需要关注的不仅仅是外链的数量，更重要的是外链的质量。如果网站链接到一些高权重网站，搜索引擎就会觉得我们网站质量也较高，从而能获得一定权重。因此，在建设外链时，要选择在网站相关的、大型门户的、正规的行业平台发布内容，形成高价值链接。

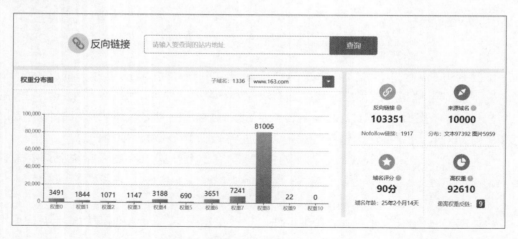

图 5.1.9 网站外链查询页面

回 知识窗

外链名词定义及分类有哪些

外链就是指在别的网站导入自己网站的链接。导入链接对于网站优化来说是非常重要的一个过程。导入链接的质量（即导入链接所在页面的权重）间接影响了我们的网站在搜索引擎中的权重。简单来说，站外优化就是通过别的站给自己站传递权重，从而让自己站的关键词有更好的排名。

除了外链这个词，还需要掌握以下名词：

· 导入链接、外链：从站外链至站内的链接。

· 导出链接：从站内链至站外的链接。

· 内链：站内链至站内的链接。

· 反向链接：链向自己的全部链接。

· 友情链接：A网站链接B网站，B网站也链接A网站。

· 单向链接：A网站链接B网站，B网站不链接A网站，则A网站上面的链接称为B的单向链接。

· 高价值链接：通常指高权重/高PR网站上的链接。

· 死链接：链至一个打不开的对象。

🖳 知识拓展

如果你想要在淘宝开店，如何才能让买家快速搜索到你的商品呢？感兴趣的同学可以扫描二维码学习淘宝的搜索引擎优化的步骤。

淘宝搜索引擎的工作原理是什么

活动拓展

请同学们打开淘宝，任意搜索一牛自己喜欢的产品，数一数该产品的标题一共多少个字？这里面又包含多少关键词呢？请进行拆分。参考淘宝网站上该产品所属类目、属性和搜索下拉框、相关搜索词等关键词，并将这些关键词记录下来，分析商家为何会选用这些关键词做标题的原因。对比完成表5.1.2。

表5.1.2 淘宝商品标题优化

序号	商品标题	关键词拆分	选用关键词的原因

活动2　竞价推广

活动背景

推广部近期接到一个项目，某鲜花配送网站希望在母亲节期间通过搜索引擎推广，以提升网站的流量。李经理问李想，通过SEO能有效地提高网站的自然排名，那竞价排名要如何提升呢？这就需要进行付费的竞价推广了。

活动实施

◻ 知识窗

竞价推广是什么？

竞价推广是指企业通过向搜索引擎平台支付一定的费用，以使其广告在搜索结果页面中获得更高的展示位置。这种推广方式允许企业针对特定的关键词或短语进行竞价。当用户搜索这些关键词时，出价高的企业广告就有机会在搜索结果页面的显眼位置展示给潜在用户。例如，用户在百度搜索智能手环时，排名靠前的结果下方会有"广告"二字，这就是企业对智能手环关键词进行了竞价推广的结果。如图5.1.10所示。

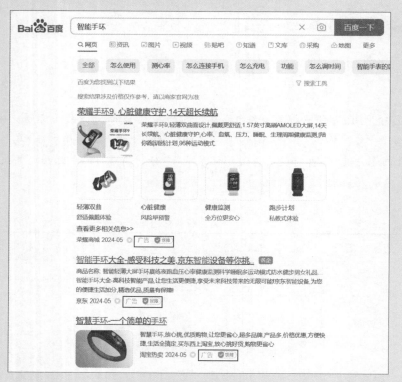

图 5.1.10　百度竞价推广搜索结果

进行竞价推广的企业首先需要建立一个网站，或者在其他企业平台上建立网页，另外还需要通过推广平台的客户资质审核，并提前在账户注入资金。当用户点击搜索引擎的广告链接进入企业网站或者相关页面后，企业的推广账户就会被扣除相应的费用；如果用户没有点击，则无需扣费。竞价推广流量大且精准，见效速度快，可以快速增加企业曝光，提升品牌知名度和影响力。

百度作为目前最大的中文搜索引擎，旗下的百度推广平台为企业提供了竞价推广服务，下面一起来学习如何能依托百度推广平台开展竞价推广活动。

🚄 行业直通车

百度推广助力视频网站用户激增

某视频网站在东京奥运会期间利于百度营销海量用户数据，针对用户群体对获取奥运内容的需求进行百度推广为例，说明百度推广效果。该视频网站在东京奥运会前后的30天内容搜索指数陡然升高，整体环比增长了297%，整体同比增长了136%。

第1步：开通百度推广账户

想要加入百度推广，首先要在百度推广官方网站——百度营销的"客户登录"口进入后台登录页，如图5.1.11所示。

图 5.1.11 百度营销登录入口

通过注册账号登录，进入百度推广首页，可以看到投放概况、搜索推广、网盟推广等，然后直接点击"搜索推广"即可进入百度搜索推广首页。

进入百度推广管理系统后，需提交相关资质证明，签订服务合同，缴纳推广费用，做好推广准备。

第2步：新建推广计划

百度推广的账户结构

1.百度推广账户结构的组成

百度推广的账户结构是由账户、推广计划、推广单元、关键词和创意四层结构组成的，如图5.1.12所示。

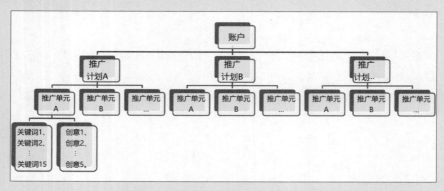

图 5.1.12　百度推广的账户结构

2.推广计划的创建和命名

搭建账户时首先要新建推广计划，最多可以创建100个推广计划。可以根据自己公司的业务、推广的产品、公司的特质进行推广计划的命名，比如品牌词、通用词、业务词、核心词、人群词、活动词、竞品词等，图5.1.13为某休闲食品公司搭建的百度推广账号结构，其中有两个推广计划，分别是"品牌词""产品词"。

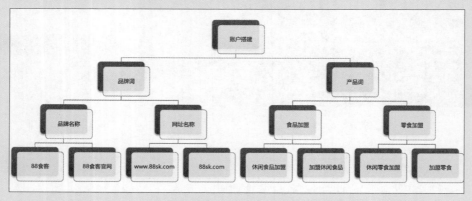

图 5.1.13　某休闲食品公司的百度推广账号结构

在百度推广的后台点击"新建计划"，然后选择"营销目标"，如图5.1.14所示。并分别设置推广的出价方式、推广设备、推广区域、推广时段、推广人群等，如图5.1.15所示。新建推广计划后，接着要为不同的推广计划分配不同的推广预算。

图 5.1.14 选择百度推广计划的"营销目标"

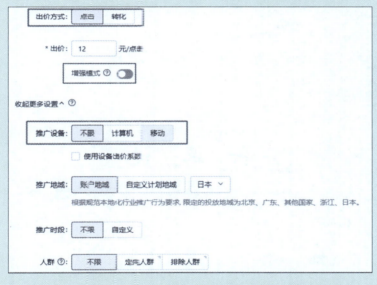

图 5.1.15 设置推广计划

第3步：确定营销目标

在进行百度推广前，需要先明确营销目标，也就是你希望推广什么。百度推广的营销目标有5种：

（1）网站链接。通过关键词、网址等多种定向方式提升网站的访问及流量。

（2）应用推广。主要适用于有应用推广诉求的广告主，提升应用的下载、安装、激活、付费等。

（3）商品目录。动态商品广告，提升商品转化，适用于拥有众多商品且已对接百度商品中心的广告主，如零售平台、汽车平台、旅游平台、房产平台等。

（4）本地推广。适用于用户拥有线下门店及送货到家服务，希望提升到店或到家的用户转化效果的广告主。

（5）电商店铺推广。适用于拥有成熟电商店铺，希望直达店铺、提升销量的广告主。

第4步：设置单元和关键词

搭建完计划和其他设置后，开始新建单元。单元是属于计划的一部分，其中一个计划可以创建1 000个单元，可以根据关键词的词性和主营业务，进行单元的命名，在单元中可以设置单元出价和单元的关键词。

（1）设置单元出价。点击百度推广账户左侧的"单元设置"就可以开始设置单元。在百度推广的账户中，一条计划下可建多个单元，每个单元均可设置出价，如图5.1.16所示。单元名称可支持30个字符，但是不能重复。单元出价即为该推广单元内所有关键词所设定的出价，出价范围：0.01~999.99。设置单元出价后，若不填写关键词出价，则默认为使用单元出价。在关键词和其所在的推广单元同时设定出价的情况下，以关键词的出价为准。

图 5.1.16　百度推广"单元设置"

（2）添加关键词。添加好了计划和单元，接下来就可以往单元里面添加关键词。添加关键词是非常关键的一步，如果百度推广账户中没有关键词，那么创意就无法展现，推广计划也就无法生效，所以关键词的添加非常重要。我们可以借助后台的关键词添加工具，进行搜索和人工添加，也可以根据主营业务进行人为的添加。

□知识窗

怎么选择百度推广的关键词

百度推广中有6种常见的关键词，即品牌词、产品词、通用词、行业词、活动词和人群词。

·品牌词。公司品牌或特有产品，如公司名称及拼音、网站域名、公司热线电话、公司名加产品名等。用来向自有用户或有品牌倾向的潜在用户推送信息，同时防止竞争对手通过购买自己的品牌词来抢夺目标客户。

·产品词。不包含品牌名的，带修饰限定的产品相关词，包括产品名称、型号等，如"玫瑰花""电动车"等。搜索这些词的网民已有了比较明确的产品需求，是值得争取的潜在用户。对于电商企业主，其网站上销售的所有品牌企业的产品，如"华为手机"也会被归为产品词类。

·通用词。不包含品牌，被网民大量使用的搜索词，如手机、水果、电器等。这些关键词表明网民有一些模糊的欲望和兴趣，他们中间有一些人是可以争取的潜在目标受众。

·人群词。与产品直接相关性小，但却是目标受众所表现出的主流兴趣点，如搜索"英语学习"的网民非常有可能是"培训机构"的潜在目标受众，搜"美容"的网民，也很有可能是某款护肤品的潜在目标受众。

·活动词。节假日或网站促销活动的类别、名称。这类词通常用来做节日、周年庆等营销活动的曝光。

·行业词。同行业的一些其他企业名称和产品名称，也被称为竞品词。不过竞品词要慎用，产生投诉会扣除账户信誉积分。

在搜索框中输入需要添加的核心关键词，然后拓词，系统就会显示出来很多跟你的核心业务相关的关键词，然后选择适合自己的关键词点击后面的添加，这样关键词就会自动的添加到右边框里面，如图5.1.17所示。已添加的关键词显示在右侧栏，可以设置关键词匹配模式和出价。

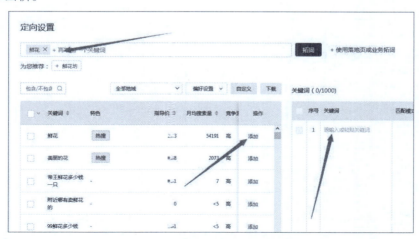

图5.1.17　百度推广"添加关键词"

做一做

某鲜花配送网站在百度推广的母亲节推广计划中设置了两个单元,请为每个单元选取 5 个关键词,填入表 5.1.3 中。

表 5.1.3　某鲜花配送网站在百度推广的母亲节推广计划

计划	单元	关键词
母亲节	广州	
	礼品	

第5步:撰写创意

创建了单元之后,就可以开始撰写创意了。创意也称为广告语,是展现给搜索关键词的用户看到的广告内容,由标题、描述、网址三个部分构成,如图5.1.18所示。创意是吸引用户点击的关键因素之一。企业需要制作具有吸引力和说服力的创意,同时需要遵循百度推广的规范和要求,确保信息的准确性和合法性。

图 5.1.18　百度推广中的创意在搜索引擎中的展现

在百度推广后台的左侧栏目中点击"创意文案"即可编写创意,如图5.1.19所示。

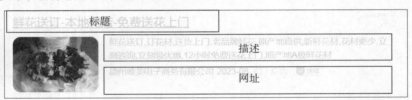

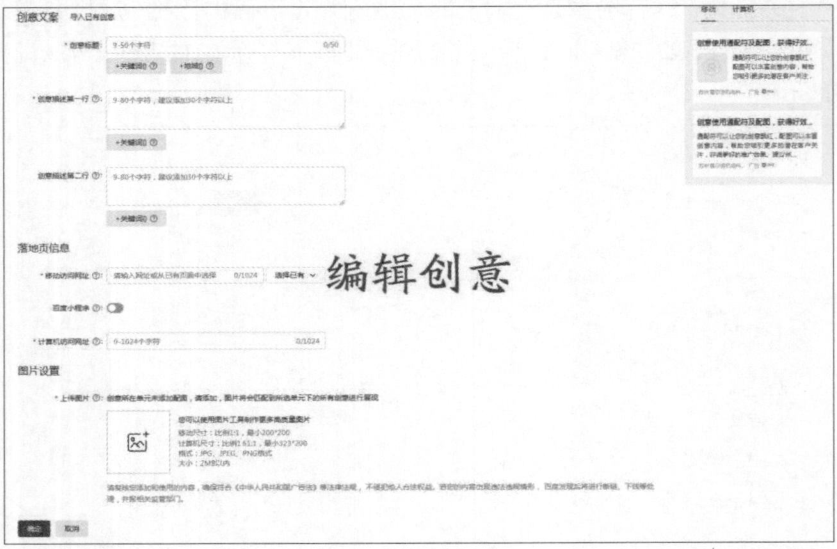

图 5.1.19　创意文案编辑页面

第6步：开始投放并监控效果

企业在设置好关键词和创意后，就可以投放广告了。广告投放后，企业可以开通免费的百度统计，进行流量和访客行为的监控和跟踪。通过百度统计的数据可以密切关注推广效果数据，如点击量、转化率等。根据效果数据，及时调整关键词、出价和创意等，以优化投放效果。

> **知识拓展**
>
> 百度竞价推广的核心优势在于其灵活性和可量化性。哪些企业适合做百度竞价推广呢？扫描二维码一起来看看吧。

活动拓展

请分组收集百度竞价推广的成功案例，并制作PPT进行分享。

适合做百度竞价推广的企业

任务2 》》》》》》》
社交媒体营销

任务引例

王老吉如何用社交裂变实现营销攻心

近年来，王老吉一直在深耕品牌文化"吉文化"，将品牌与"吉祥如意"强绑定。在鼠年春节来临之际，王老吉做出了一个大胆的决定——承包微博全网用户的第一句新春祝福"鼠年大吉"，把品牌融入微博原生生态内容，在传统中国佳节的时机点上，借助社交网络的裂变属性，实现了不断的破圈传播。短短几天时间，#鼠年大吉#话题阅读量突破4亿，讨论数量达到182.5万，兼顾了品牌吉文化传播的深度与广度。

这次拜年活动，王老吉借势微博全明星阵容，打造现象级社交大事件。通过在圈层中营销中，各路明星艺人就是最好的渠道，在公域之上，通过明星发声，可以快速实现圈层传播直至传播破圈，获取关注和流量。除了知名度颇高的国民艺人外，王老吉还选择了一些近年来取得不错成绩的流量新星来做联合送祝福，真正做到了跨圈层传播。

此次微博总共邀请百位明星大咖为全网网友送上#鼠年大吉#的新年祝福，祝福所有人鼠年大吉！在这个过程中，王老吉更是联合微博打造共生内容，巧妙地将"过吉祥年，喝红罐王老吉""祝你新年王老吉"与"鼠年大吉"的拜年口号结合在一起，实现品牌原生内容的嵌入式营销，拉近营销与用户之间的距离感。

分析与启示

王老吉这次的借势营销案例，借助微博的社交平台，很好地结合了自身品牌文化，在春节期间，潜移默化地向用户传递着王老吉的吉文化，让"过吉祥年，喝红罐王老吉"的拜年口号深入人心。

活动 1　微博营销

活动背景

随着互联网媒体运用的逐步丰富，社交媒体营销已成为众多企业所青睐的对象。某饮料品牌也希望通过社交媒体营销来吸引年轻消费者。李经理安排李想去了解该公司的官方新浪微博账号的相关信息。因为新浪微博作为一种传播迅速的社交媒体，显示出巨大的营销价值，值得好好把握。

活动实施

第1步：设置账号基础信息

□ 知识窗

什么是微博?

微博是基于用户关系的社交媒体平台，用户可以通过PC、手机等多种移动终端接入，以文字、图片、视频等多媒体形式，实现信息的即时分享、传播互动。微博基于公开平台架构，提供简单、前所未有的方式使用户能够公开实时发表内容，通过裂变式传播，让用户与他人互动并与世界紧密相连。作为继门户、搜索之后的互联网新入口，微博改变了信息传播的方式，实现了信息的即时分享。

现在提到微博，一般都是指新浪微博，其主页界面如图5.2.1所示。

图 5.2.1　新浪微博主页

根据运营微博账号的主体不同,把微博账号分为个人微博和企业微博,无论是哪种类型,都具有以下特点:

1.成本上,发布的门槛低

微博上只需要编写好140字以内的文案就可以发布信息,成本远小于广告,效果却不差。同时受众广泛,前期一次规划投入,后期维护成本低廉。

2.覆盖上,传播效果好

微博信息支持各种平台,包括手机、电脑与其他传统媒体,转发非常方便,传播量呈几何级放大。

3.效果上,互动性强

微博能与粉丝即时沟通,及时获得用户反馈。从图5.2.2可以看出,企业发布微博后能够通过转发量、评论数和点赞数获得用户反馈。

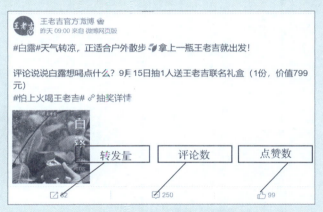

图 5.2.2　微博反馈数据

4.手段使用上,多样化,人性化

从技术上,微博营销方便的图文、视频等多种展现形式。从人性化角度上,企业品牌的微博本身就可以将自己拟人化,更具亲和力。在微博,政府可以和民众一起探讨,中国政府网的官方微博就拥有粉丝1 900多万,如图5.2.3所示。

图 5.2.3　中国政府网官方微博拥有粉丝 1 900 多万

5.在传播速度上,传播非常迅速

微博最显著特征之一就是传播迅速。一条微博在触发微博引爆点后,短时间内互动性转发就可以抵达微博世界的很多个角落甚至是每一个角落,达到短时间内最多的目击人数。

✎ 做一做

微博营销的第一步需要申请并设置账号。

(1)企业想要进行微博营销,首先需要在新浪微博的主页找到注册入口(见图5.2.4),并按指引填写资料,完成注册。

图 5.2.4　新浪微博注册入口

对于企业账号来说,在完成注册后,要完成的第一个动作是做官方微博认证,要按照指引完成企业认证,这样开设的微博才能成为"蓝V",方便后续开展微博营销。在微博主页的"账号设置"的下拉菜单中选择"V认证",即可进入官方认证的页面,如图5.2.5所示。

图 5.2.5　官方微博认证

经过官方认证后的账号会升级成为"蓝V"账号，微博平台会给予企业显示蓝色V标，拥有"蓝V"账号的企业能够通过多种工具实现精准的涨粉和粉丝维护。

（2）主页装修。"蓝V"的主页是企业重要的展示页面，用户在移动端点击企业账号头像或昵称时，第一时间跳转的就是企业账号的主页。因此，主页对于企业来说是一个重要的流量入口，一个好的主页不仅可以展示品牌形象，更能具备展现产品信息、最新活动、线下导流等营销内容。"蓝V"的主页装修包括封面图、背景图、焦点图等展示，还包括企业简介、友情链接、入驻地点等内容，可以设置自定义菜单栏、微博橱窗、账号矩阵等功能辅助营销和推广。

第2步：策划微博内容

（1）明确微博定位。真正的微博运营，应该有完善的账号运营规划，至少需要想清楚以下两个问题：

①运营官微的目的是什么？是推广品牌还是销售转化？是产品推广还是客户服务？明确运营目的，并将其运营到后续全部运营规划中去。

②我的目标用户是谁？是想尝鲜的年轻人，还是稳健冷静的上班族；是像母婴行业一样有着特别明显的群体特征，还是泛娱乐、泛知识等覆盖面相当广的普通人群。

当上面两个问题有了明确的答案，才能结合企业自身的服务、产品，来设定账号定位，规划内容结构，选择商业工具，借力微博本身的产品、机制、热点有技巧地组织内容获取用户。

（2）发布微博文章。有了明确的定位后，就可以围绕运营目标，通过视频、图文、话题等方式，借势节日、明星等热点，撰写并发布微博文章。下面以小米手机的微博营销为例，看一看如何围绕目标构建文章内容。

行业直通车

小米手机新品的微博营销案例

小米微博在发布新品后，会通过发布一系列的微博文章来推广产品。

（1）产品功能推介。发布新品后，官V通过微博持续介绍新品功能点引导用户消费决策，文案结合当下热点和目标用户的兴趣点，引发更大量的互动。另外，还可以通过行业资讯网站背书介绍产品功能，如图5.2.6所示。

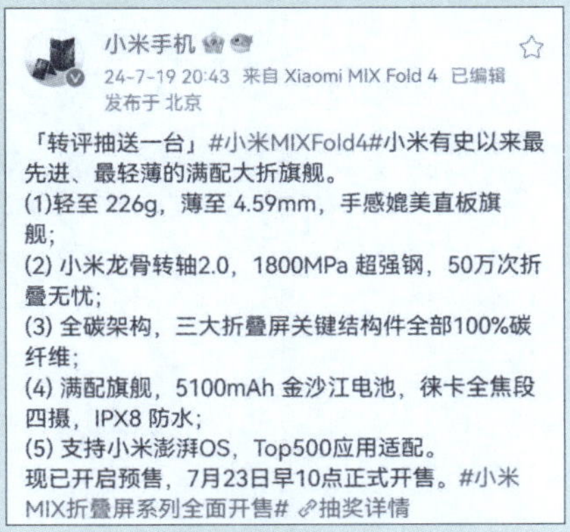

小米手机 🅥
24-7-19 20:43 来自 Xiaomi MIX Fold 4 已编辑
发布于 北京

「转评抽送一台」#小米MIXFold4#小米有史以来最先进、最轻薄的满配大折旗舰。
(1)轻至 226g，薄至 4.59mm，手感媲美直板旗舰；
(2) 小米龙骨转轴2.0，1800MPa 超强钢，50万次折叠无忧；
(3) 全碳架构，三大折叠屏关键结构件全部100%碳纤维；
(4) 满配旗舰，5100mAh 金沙江电池，徕卡全焦段四摄，IPX8 防水；
(5) 支持小米澎湃OS，Top500应用适配。
现已开启预售，7月23日早10点正式开售。#小米MIX折叠屏系列全面开售#✍抽奖详情

图 5.2.6　小米手机功能推介微博

（2）用户晒单。用户的反馈和好评比官V的自我推广更具说服力，也是官V运营是否有力的内容素材，如图5.2.7所示。

图 5.2.7　转发用户晒单

（3）转发抽奖。通过转发抽奖的玩法持续扩大产品的传播，如图5.2.8所示。

图 5.2.8　转发抽奖

选择一款新上市的饮料产品,以其官方微博的名义,撰写一篇微博文章。

第3步:快速增加目标对象

🔲 知识窗

微博如何快速涨粉

微博粉丝的快速增加是目标对象快速增加的基础。要想快速涨粉,就应该注重做好以下3点:

(1)转发抽奖,获取目标粉丝。抽奖功能是微博平台上最简单、最常见、使用最多的功能,也是用户最喜欢参与的微博活动。合理利用微博抽奖,能够帮助企业微博高效获取新粉丝,提高互动率,维护粉丝黏性,推广企业品牌。

以华为官方微博的抽奖活动为例(见图5.2.9),在进行线下活动推广时,加入了转发抽奖,高效助力微博的传播,单条微博互动近万,成为当月互动量最高的单条微博。

图 5.2.9　华为官博抽奖

（2）日常互动，提升粉丝留存。互动是微博运营中很细节很重要的一个环节。企业要把互动做好的目的是提高粉丝黏性和获客转化。要想提高微博的互动性，企业就要提升微博发布的内容中粉丝感兴趣的内容比例。"活动+奖品+关注+评论+转发"是目前微博互动的主要方式。另外，运营人员积极与留言者互动，认真回复留言，也能唤起粉丝的情感认同。

（3）应对"吐槽"，挽留粉丝的心。微博作为一个开放的公众平台，每个普通用户都可以在平台上发声，表达自己的意见和建议。其中就一定有负面的声音。对于用户的负面反馈，如果处理得当，也许能够收获一个品牌的忠实粉丝，而如果一味忽略和逃避，那么小问题也可能会发酵扩散，成为无法忽视的舆情问题。企业官微的客服人员要重视每一个用户对企业品牌的意见和发声，端正态度，发现问题的本质，及时沟通回应，不推脱不逃避，珍惜每个用户对于企业官微的价值。小米官微的应对（见图5.2.10）就是一个很好的范例。

图 5.2.10　小米官微的应对

第4步：打造话题活动

微博的话题产品以其超强的聚合能力、传播能力，以及更新快、观点全的特点，在大事件发生的时候总能承担起重要的传播任务，也培养起用户传播、讨论热点事件的习惯。可以说，话题的"##"符号几乎成为整个互联网通用的标志，也奠定了微博在传播领域的地位。企业官方微博可以在以下场景使用的话题：

1.日常特色内容聚合

话题词由于其标志性的展示形式，很多企业会打造1~3个日常话题进行特色内容聚合，如@中国移动10086，主持的#FM10086#话题，对日常功能解答、用户咨询反馈的内容进行聚合，具有很高的可读性，也降低了官V的运营成本。

2.发起营销活动

话题具有强大的流量获取能力，在企业发起营销活动时，话题能够将企业及用户的内容有效整合，提升整体活动的质量和传播力度。如@美颜相机借中秋节日节点发起的大赛话题#谁还没个月兔妆#，既推广了产品功能，又曝光了品牌，借助参与奖励吸引大量用户参与，将产品功能淋漓尽致地展示给了数千万微博粉丝。

3.参与热点事件

"蹭热点"已经是微博运营的基本能力之一，借力热点话题也是高效"蹭热点"的方式之一，如@中国联通借力#国庆联欢晚会#，获得良好的互动效果。

 做一做

> 利用以上三种场景为王老吉官方微博打造3个话题。

知识拓展

> 微博营销是扫描二维码学习微博营销能够实现哪些功能。

线下实体店铺
如何圈粉

活动拓展

分组收集微博营销成功案例，并制作PPT进行分享。

活动2　微信营销

活动背景

微信作为一种新兴社交媒体发展到今天，已经逐步脱离单一的社交属性，成为一种营销工具。微信拥有超过海量月活跃用户，可以帮助企业实现海量品牌曝光，传递品牌文化，强化品牌形象，并能让更多用户参与品牌活动。如何利用好微信进行饮料产品的营销呢？李经理让李想尝试制订一份微信营销计划。

活动实施

第1步：找准自我定位

知识窗

微信个人号和公众号有什么区别？

对个人和企业而言，微信的用途并不相同。个人开通微信叫微信个人号，微信个人号可以和个人的手机通信录绑定，邀请你的朋友们用微信进行交流、联系，还可以通过朋友圈状态互动。

微信公众号是腾讯公司在微信基础平台上增加的功能模块。通过这一平台，个人和企业可以打造自己的微信公众号，并在微信公众平台上实现和特定群体以文字、图片、语音等进行全方位沟通、互动。

从连接关系来说，个人微信号基于的是点对点的关系，而微信公众平台基于的是一对多的关系。从运营的角度来看，个人微信号与微信公众平台之间的区别见表5.2.1。

表5.2.1 个人微信号与微信公众平台的区别

对比项	微信个人号	微信公众号
使用方式	以移动端为主	以PC端为主
功能	主要用于加好友、发消息、查看朋友圈状态，提供与个人相关的城市服务	提供智能回复和图文回复等功能，进行图文编辑后能让传递的信息更丰富
用户导入	微信个人号注册成功后，可以自动导入手机通讯录，系统会为你推荐通讯录中开通了微信的联系人，这就建立了初步的通讯录和朋友圈	微信公众号注册成功后就像一张空白的纸一样，你拥有的是一个微信号和一个二维码，必须通过推广才能吸引一定数量的用户
圈子定位	熟人圈子，基本是你认识的人	用户或者用户圈子
推广方式	大部分是通过朋友介绍或者面对面交流进行推广的	需要利用所掌握的资源进行推广，包括线上的和线下的

对企业而言，微信营销更多意味着运营微信公众账户，因此主要关注微信公众号营销。

在微信营销中，企业不能打无准备之仗。要想不打无准备之仗，就需要对微信加以精准的策划。首先，企业要做好自我定位。企业一定要明确自己微信账号的定位，搞明白企业品牌吸引的粉丝是哪类人群，应该在什么地方增设什么样的内容，在什么时间段发送什么内容。这些才是企业应该着重去关注的。

比如，途牛旅行是专门为旅行人士设立的网站。途牛旅行网站定期向粉丝推送的内容都是关于旅游的。而且途牛旅行在微信上推送消息的频率并不是很高。除了有活动或者偶尔旅行生活之类的推送外，在平常情况下，途牛旅行很少会推送信息。因为该企业明白其企业定位已经很精准，而且关注它的粉丝也都是既定的旅行人士，所以多推一些没有意义的信息和内容都是无用的，还可能会引起粉丝的反感。

第2步：融合多种模式进行多元化营销

□ 知识窗

微信提供了哪些营销功能？

微信是一个可以实现多功能营销的平台，包括多个子平台，每个子平台的功能各具特色，能达到不同的营销效果，见表5.2.2。

表 5.2.2　微信的营销功能

微信子平台	具体功能
微信群	既可以一对一互动，又可以一对多互动，尤其需要大范围传播、广而告之的内容很适合发布在微信群中
朋友圈	用户可以发布文字、语音或图片等，也可以实现一对一交流和互动
公众平台	每个人都可以打造自己的微信公众号，并在微信公众平台上实现和特定群体的文字、图片、语音的全方位沟通和互动
视频号	可以上传 6~8 秒短视频，微视频不仅仅是微信好友可以看到，还可以转发到朋友圈
小程序	是一种在微信平台上运行的轻量级应用程序，不需要在系统中下载安装，用户可以直接在微信中打开、使用和分享
二维码	用户通过扫描二维码识别身份来添加朋友、关注企业账号；企业可以设定自己的品牌二维码，用折扣和优惠吸引用户关注

作为营销人员需要深入分析每一种形式的适用范围、适用时间、适用地点以及适用人群，研究如何充分发挥它们的优势，融合6种形式，尽可能扬长避短，进行多元化营销。

🔍 启智探究

特仑苏的数字化新思路

特仑苏作为一款高端市场占有率极高的牛奶饮品,其成功有多种因素,品牌、产品、渠道、供应链,但这并不妨碍特仑苏的数字化策略值得广泛借鉴,尤其是对传统品牌而言。

特仑苏"名仕会"作为特仑苏的私域阵地,早期以 PC 端官网的形式成立,随着微信公众号及小程序的逐渐兴起,特仑苏开始不断加大在私域数字化平台的投入,将名仕会的用户从官网导入到腾讯私域体系内,持续以用户需求为导向进行了多种创新。

在新人引流方面,名仕会通过随箱 DM 单一物码、腾讯生态内的朋友圈广告、搜一搜等线下线上场景下,布置多触点流量入口将公域流量沉淀至品牌私域阵地。

在差异化选品方面,名仕会将多款面向不同圈层需求的产品在私域平台名仕会首发。

在个性化服务方面,名仕会提供周期购、随心提等购买形式,为消费者提供便捷购物体验,同时推出了"特心意"小程序,可以定制专属礼品卡,一键传递心意,满足会员多种线上消费需求。

说一说,特仑苏运用了微信的哪些功能开展营销。

第3步：生产满足用户需求的内容

做微信营销,乃至做新媒体营销,其实就是做内容营销,微信营销的内容包括图片、文案、视频、定位里的文字。那么什么样的内容才是好内容,什么样的内容才能实现商家的营销目标呢? 要做到以下三点：

(1)内容要有吸引力。微信营销者所发布的内容一定要对浏览者有价值。在内容的形式上做到图文并茂,在类型上做到丰富多样。例如,可以放一条关于生活的,放一条关于美景的,放一条关于产品的,放一条比较幽默的,让粉丝每天阅读都有所收获,甚至让粉丝阅读你的微信成为一种生活习惯,这样你的微信公众账号就成功了。

（2）产品要巧妙表达。有很多企业经常把自己的产品直截了当地发布出来，让人一看就知道是广告，让人直接忽视。而更好的办法是结合时下发生的一些热点事件，利用热点事件、名人效应等把自己的产品巧妙地融合进去，让人在不知不觉中了解产品或者服务，让潜在客户主动来咨询服务。

（3）互动要生动有趣。微信互动的主要目的是涨粉，有趣、新奇的互动不仅仅会吸粉，还会给受众留下好感受，这为后续的运营和转化打下基础。可以通过游戏、引导评论、有奖竞猜、有奖征集、转发抽奖、用户评比等方式开展互动，加强与用户的沟通。

🚄 行业直通车

"走好网上群众路线"的优秀微信公众号

深入贯彻落实习近平总书记关于走好网上群众路线的重要指示精神，为进一步挖掘和推选一批通过利用互联网听民声知民情、解民忧纾民困、惠民生暖民心的优秀政务账号及党员干部个人账号，中央网信办推选出2023年"走好网上群众路线"百个成绩突出账号，其中就包括武汉市文化和旅游局的公众号。

该公众号是武汉市文化和旅游局为宣传武汉市文化旅游整体形象搭建的平台。从历史文化到现代风貌，每一篇推文都是一场穿越时空的文化之旅（见图5.2.11），通过公众号的宣传，树立了武汉的美好形象，吸引了大量的游客到武汉游玩。

图 5.2.11　武汉文旅局通过公众号推广武汉旅游资源

做一做

近年来，为了抓住"文旅热"带来的巨大商机，各地的文旅部门纷纷开通了微信公众号。请关注你所在省市文旅部门开通的公众号，假设你有机会为该公众号撰写推文，请拟定三个选题。

第4步：妥善处理客户关系

很多时候商家都将过多的目光放在产品的宣传营销上而忽视了售后服务的细节，这样可能会降低客户的复购率和满意度。所谓售后服务就是充分了解客户心理和需求，解决疑难问题，由此通过客户反映来提高服务质量，发展忠诚顾客，提高公司产品的信誉。售后服务需要大量的人力和物力，所以可以设置自动回复和人工客服两大类，将几个常见问题像产品介绍、产品使用方法等设置固定答案自动回复，而人工服务才是售后服务不可缺少的部分。人工客服可实时在线沟通，及时回复客户问题，较为人性化。优质的人工服务可以调高客户黏度，增加信任度，挽回即将丢失的客户。商家应谨记客户至上的原则，避免与客户发生矛盾，因为客户也可能成为产品宣传者，为你的产品带来意想不到的效果。

知识拓展

微信公众号是重要的微信营销手段，而选题是运营好微信公众号的关键，同学们可以通过扫描二维码看看如何做好微信公众号的选题。

活动拓展

请同学们到微信公众平台申请一个订阅号，并策划好本订阅号的定位和内容，制作微信公众号头像和描述，并确定第一期选题。

微信公众号
选题

活动 3　社群营销

活动背景

通过前期的微博营销和微信营销，已经积累了一定的粉丝，而这些粉丝也已经导入了企业的微信群中，这庞大的粉丝群就是企业的"软资产"。企业计划后期通过社群销售产品，但如何才能提升社群的活跃度而不让群成为"死群"呢？李想决定认真学习社群营销知识，完善社群维护工作。

活动实施

第1步：创建社群

□ 知识窗

什么是社群营销？

社群营销是一种营销方式：把顾客变成粉丝，把粉丝变成朋友的一个过程。社群营销就是彼此之间有相同或相似的兴趣爱好或者一定的利益关系，通过某种平台聚集在一起，通过产品销售或者服务，满足不同群体需求而产生的一种具有独特优势的营销方式。社群营销的平台很广，并不局限于网络，各种平台和社区，都可以做社群营销。比如线上的论坛、微博、QQ群、贴吧、陌陌等，线下的社区，都可以是社群营销的平台。

◯ 启智探究

打开你的手机微信，查查你是否也加入过具有商业属性的社群，请说说你是如何加入这些社群的？商家在拉新人入群时采用了哪些方式？

社群的本质应该是基于共同目的、共同兴趣创立的一个场景需求。社群需要通过基础流量和裂变流量把相同的用户画像的人聚在一起。有些产品具有地域限制。比如鲜花团购送货上门，就有一定的局限性，如果距离太远不方便送货。这时候就要注意群员所在的位置，可以按市区划分群员，把同一个地方的群员拉到同一个群里。

◤ 创新风向标

每时茶社群活动运营

每时茶是一个互联网茶叶品牌，其通过寻找原产地的精品茶，为消费者提供优质茶叶产品及个性化定制等服务。每时茶运营人员创新性地把社群思维运用到传统农产品上，从客户需求出发进行生产销售，为农产品销售企业提供了新的营销思路。

1. 社群构建

为了让每一个用户群能够更好地沟通，也更方便于企业管理，店铺运营人员分别在QQ、微信上注册了账号，建立了对应的交流群，并注册了企业官方微信公众账号，为社群的构建做基础准备。

2. 线下群活动

在大部分人的观念里，线下的见面聊天总是要比线上来得实在。在线上运营方面，店铺运营人员主要是通过组织一些活动来加强社群成员之间的交流。每时茶的运营人员组织的线下活动主要包括线下体验活动、社群成员协同创业两个方面。

（1）线下体验活动

每时茶的运营人员会在群成员中选出一拨人作为游客，在群管理人员的带领下参观生态茶园,并参与采茶、制茶的过程,了解无污染、好工艺的茶叶制作全过程。为了运营好社群,每时茶的运营人员还引入了一系列的线下体验活动。每周六,每时茶都有一场优质茶叶品鉴会,经过对生产过程、农残标准等把关的茶叶,接受社群成员的品鉴。与此同时,生态旅游、亲子互动、茶艺大赛等活动也在不断开展。

(2)社群成员协同创业

除了线下体验活动,每时茶的运营人员还组织了本土农业创业平台,利用社群营销再造传统农业产销模式,帮助更多的社群成员变身"新农人",共同创业,并通过社群成员协同创业,为"新农人"提供更多的创业支持。

用社群理念改造当地茶叶产销模式,并提出"多种一亩茶山,让一个留守儿童安心上学;多种十亩茶山,让一家农民过上有尊严的生活;多种百亩茶山,带动一家农民致富"的宣传理念,使社群与当地农民结成命运共同体。在实现了成员线下交流的同时,也让社群成员感受到了社会使命以及由此带来的成就感。

第2步:设计社群打卡方式

打卡是社群促活的一种常见的活动形式,比较常见的就是早起打卡、任务打卡。在打卡活动进行时,需要采取灵活手段和保障措施以提高参与度,延长参与时间。

📎 做一做

设计打卡主题活动

某饮料公司通过线下超市促销活动拉新建立了客户群,请为该社群设计一次打卡主题活动,填入表 5.2.3 中,以提升社群成员的活跃度。

表 5.2.3 打卡主题活动设计

×× 社群打卡主题	
社群分析	
打卡活动目的	
打卡主题	
打卡形式	
对坚持打卡人员的奖励	

第3步：设计发红包活动

不管社群做活动是裂变引流、促活拉新，还是营销转化，在设计活动的时候，有一种比较常见的玩法就是发红包。在设计活动的时候，如何将红包玩法与活动相结合，提升用户的参与度，帮助实现活动目的，为整个活动加分呢？可以按照活动目的设计以下几类发红包活动：

（1）发红包促转化。做活动推广和用户拉新的时候，红包虽然不能起决定性的作用，但是可以增加用户参与的概率。例如推广App类的活动，设计红包奖励就可以促进用户点击下载。

（2）发红包激裂变。做裂变引流活动的时候，有红包奖励的加持，可以提升活动效果。裂变增长是老带新的形式，老用户推荐新用户可以获得红包奖励，比如，外卖平台邀请新人加入就可以获得红包奖励。

（3）发红包助促销。做营销活动的时候，尤其是一些周期比较长的活动，利用限时红包，可以帮助营销转化，提升活动的效果。限时红包可以给用户制造一个紧张的氛围，激励用户产生购买行为。

（4）发红包拉复购。在运营的时候，根据用户的行为或者是活跃频率对用户进行划分，然后有针对性地送红包给用户，可以提升用户的复购率，也可以利用红包奖励提醒用户，完成用户促活。

📈 创新风向标

LBS 技术提升社群精准营销

随着网络营销在各行业的全面深入，用户群体对多元化、个性化业务的需求不断增强，因此，如何快速地为用户提供其真正需要的服务，例如在社群营销中，只有精准分群，才能将营销信息推送到比较准确的受众群体中。而这就需要借助 LBS 技术。LBS 是基于位置的服务技术的简称，是利用各类型的定位技术来获取定位设备当前的所在位置，通过移动互联网向定位设备提供信息资源和基础服务。

瑞幸咖啡就在其社群营销中应用了 LBS 技术。其社群营销主要分为以下三步：

（1）引流。瑞幸的引流渠道主要通过三种方式：线下门店扫描二维码入群，官方公众号入群送 4.8 折券，邀请好友助力送 3.8 折券。这三种方式最后都会引流到添加福利官的企业微信，即可获得入群链接。

（2）LBS 授权引流门店微信群。瑞幸咖啡和其他品牌有一个显著的区别就在于，瑞幸并不是随机分配用户进群，而是使用了 LBS 位置授权的方式，让你能够加入自己所处区域的微信群。由于用户消费会选择离自己最近的门店，所以瑞幸的拉群方式，使用户到该门店消费的概率也就更高。

（3）社群运营 SOP。在社群中，每天上午 8：30 左右瑞幸会推送早餐券，小程序链接的文案一般是一起吃早餐，海报主要是早餐的产品＋拿铁系列。另外，其他每个时间节点的信息推送各不相同。

　　近年来，线下实体店铺也纷纷通过社群营销实现圈粉，扫描二维码，看看他们是怎么做的。

社群营销如何
圈粉

活动拓展

借鉴知识拓展中的案例，尝试为一家线下水果店铺设计一个社群营销圈粉活动。

任务3 ▶▶▶▶▶▶▶
多媒体营销

任务引例

直播电商开辟助农新模式

　　为深入贯彻落实党的二十大精神和习近平总书记关于"三农"工作的重要论述，切实推动乡村振兴青春建功行动落地实施，引领广大青年投身乡村振兴和创新创业，引导广大乡村青年运用电商、直播等方式，助力乡村农产品上行、带动农民增收致富，2023年8月6日，勐海团县委、南京体育学院主办了"青耘中国·夏耘梦想"直播助农活动。

　　为了顺利完成本次直播活动，勐海团县委专门成立了工作小组，多次召开选品会，并和直播团队一道深入茶山、茶园、茶厂实地选品，对此次直播产品进行深度调研，选出真正让消费者满意的好茶。

　　此次助农直播活动邀请了抖音百万粉丝主播、勐海创业青年李飞龙与世界冠军赵玉超、王磊，以抖音直播的形式，一起推介了来自勐海县勐宋乡、勐混镇、布朗山乡等地的50款优质普洱茶。

　　本场直播时长6个半小时，直播间实时观众数长时间稳定在8 000人以上，累计观看人数45.6万，抖音流量转化成交率达16.39%，成交件数2.11万件，销售额达385万余元，不仅有效传播了勐海普洱茶文化的独特魅力，还有力促进了勐海茶产业发展。

分析与启示

　　在电子商务时代，企业的竞争越来越激烈，产品同质化现象越来越严重。企业之间的竞争不再仅限于产品、价格、价值的竞争，还有渠道、营销方式的竞争，谁能快速传播信息并占领市场，谁就能率先获得竞争优势。在这样的大环境下，短视频和直播这种直观、真实、全面的营销渠道开始展现出巨大的营销价值，并逐渐被更多的个人或企业应用到产品和品牌的推广活动中。同时，直播电商等多媒体方式也有效助力乡村振兴步入高质量发展的新阶段。

活动1 短视频营销

活动背景

李想所在的公司近年来业务发展很快,公司总经理希望能够利用自身资源参与公益项目,回馈社会。因此,李想联系了一个偏远县的张县长,当地水果丰收,但因为地理因素收购有困难,李想想用"短视频+直播"的营销方式解决水果"带货出山"的问题。

活动实施

短视频营销是一种以视频为主体,以内容为核心,以创意为导向,通过精细策划进行产品营销与品牌传播的营销方式。常见形式包括电视广告、短视频、宣传片等。开展短视频营销要做好以下几步:

第1步:确定短视频选题

短视频营销的关键是内容,内容的好坏决定视频的传播度和影响力。而选题就是短视频的内容方向,有了选题,就能轻松策划内容了。

□ 知识窗

如何快速确定短视频选题

对于新手来说,要想快速地确定选题,可以使用标签池连线法,如图5.3.1所示。具体来说,就是将企业和卖点提炼成具体的标签,汇集成为标签池,然后通过链接用户特点和诉求标签池,从而确定选题。这个方法既能充分利用企业的资源,突出卖点,又能精准击中目标用户的需求。

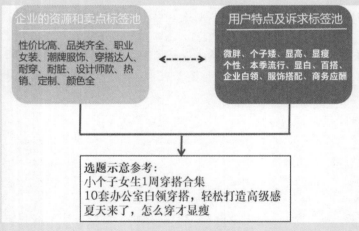

图 5.3.1 使用标签池连线法进行选题示意

✎ 做一做

以小组为单位，选择家乡的一种特色农产品，利用标签池连线法为该产品的推广短视频进行选题，完成表 5.3.1。

表 5.3.1　标签池连线法进行选题

产品名：

企业的资源和卖点标签池	用户特点及诉求标签池

短视频选题

【思行园地】

发挥短视频功效，助力乡村振兴

2022年5月，中共中央办公厅、国务院办公厅印发了《乡村建设行动实施方案》，强调了数字乡村建设和推进数字技术与农村生产生活深度融合的重要性。随着短视频平台的快速发展与我国相关政策的持续推进，短视频在乡村振兴中发挥出越来越大的作用。

新农人小燕就是一位致力于通过短视频为当地农民打开农产品销路的短视频博主。她拍摄以"山货进城"为主题的短视频真实地展现了她走家串户收购农副产品，并进城销售的全过程。她的视频因为真实淳朴获得了许多人的喜爱，全平台粉丝过百万。随着粉丝量的增多，她还将销售渠道从线下扩展到线上，通过统一收购村里农户，尤其是许多老人的农产品，解决了当地因地处偏远导致的农产品滞销问题。

像小燕这样的新农人博主还有很多，短视频对于乡村居民创业、产业创新具有重要意义。从传播技术层面而言，这些短视频因其拍摄便捷、内容短小精悍、"烟火气"浓郁等特点，受到村民的欢迎，在网络平台传播力度较高。短视频的推广不断刷新了网络受众对于乡村的传统认知，进一步构建起美好农村的新形象。同时，短视频的普及使越来越多的非专业人士也可以参与进来，促使乡村振兴理念借网络数字化的优势更好地表达出来。

第2步：确定短视频的类型

□ 知识窗

短视频有哪些类型？

随着多媒体技术和信息网络技术的发展，短视频营销的表现形式还在不断地创新和变化。现在比较常见的短视频主要包括传统影视节目二次传播、网络视频短剧、创意短视频和用户自发生产的视频等类型。

1. 传统影视节目二次传播

传统的影视节目大多只进行一次传播，但当传统影视节目中具有新闻性、讨论性、可欣赏性的内容被网站或网络用户再次发布到视频网站时，就可以进行二次传播。二次传播可以增加用户的深度交流，让更多被二次传播吸引过来的用户转而关注原本的影视节目，对用户进行广泛引流，从而提高节目的收视率和知名度等。传统影视节目的二次传播是传统媒体与新媒体的互补，彼此相互拓展和延伸，实现全方位、立体化的整合推广。一般来说，很多比较受欢迎的热门电视节目很容易在网络上实现二次传播，图5.3.2是中央电视台制作的节目《如果国宝会说话》在短视频平台上的二次传播。

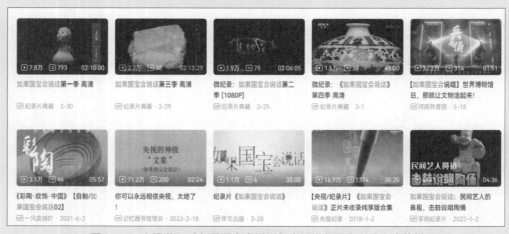

图 5.3.2　央视节目《如果国宝会说话》在短视频平台上的二次传播

2. 网络视频短剧

网络视频短剧多是一些剧情轻松、有趣或有创意的视频集，通常有比较完整的故事情节，主要通过网络传播，其目的是吸引用户、传播产品和品牌。网络视频短剧非常贴合互联网，便于与网络用户进行沟通互动，既可以进行品牌曝光，又可以培养用户对品牌的喜好度和忠诚度。例如《嘻哈四重奏》《天生运动狂》等短剧，在视频网站上获得了大量的点击播放，甚至高于传统的电视剧集，让广告品牌深入人心。《嘻哈四重奏》中植入的商品在播放过程中销量一度上升了10%。

3.创意视频

创意视频是指内容新颖、角度创新的短视频，通常极富创造性和故事性，一般时长为3~8分钟，以网络为主要传播媒介。创意视频营销是通过创意将广告植入到一段短视频中的一种营销方式；视频可以是原创拍摄，也可以是剪辑而成。一个好的创意视频可以带来巨大的传播效果，像病毒一样传播和扩散，并通过网络快速复制给无数受众。

创意视频对内容要求较高，企业要想使用创意视频进行营销，首先必须找到合适的品牌诉求点，配合幽默、诙谐、惊奇等元素进行推广，这样才能更好地吸引网络用户的眼球。

4.用户自发生产的视频

用户自发生产的视频指用户通过互联网以视频的形式向其他用户展示与产品相关的信息。由于其更具真实性，所以很容易引起其他用户关注和讨论的积极性。与其他视频形式相比，用户自发生产的视频更有利于品牌与用户之间的互动，让用户真正参与到品牌传递的过程中，增加了品牌的黏性，深化了推广效果。图5.3.3所示为用户自制的某款巧克力饼干短视频。

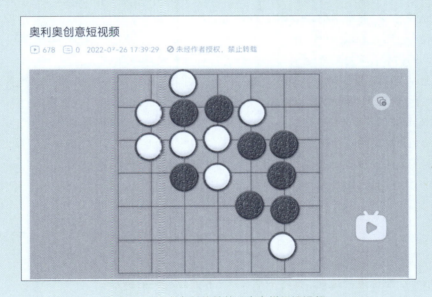

图 5.3.3　用户自制的某款巧克力饼干短视频

第3步：创设短视频脚本

有情节、有逻辑、有观看价值的视频才能给用户留下更深刻的影响。在确定选题后，就可以根据选题构思内容，然后设计一个完整的脚本。脚本中通过对人物、对白、动作、情节、背景、音乐等元素进行设计，准确地向用户传达视频的视觉效果和情感效果，引起用户的好感和共鸣。脚本一般包括场景、镜号、画面、景别、拍摄机位、台词（音效）、时长、音效8个要素，表5.3.2是《美好的一天》短视频脚本部分示例，可供参考。

表 5.3.2 《美好的一天》短视频脚本部分示例

拍摄场景	镜号	画面内容	景别	拍摄机位	人物动作	台词	时长	音效
窗边	1	走到窗帘边,拉开窗帘	全景	平拍	人物从镜头外,走到窗前,拉开窗帘	今天又是美好的一天	9 s	背景音乐
厕所	2	拍摄人物刷牙	中景	正面平拍	刷牙	先刷个牙	5 s	
餐桌	3	拍摄早餐	特写	俯拍	无	再忙也要好好吃早餐	6 s	
......								

📖 知识窗

短视频脚本中包含哪些要素?

①拍摄场景:根据内容确定拍摄的场景。

②镜号:记录拍摄顺序,协助后期剪辑。

③画面内容:对想要表达的场景画面进行详细的文字化描述。

④景别:短视频不能一镜到底,要用多个景别来展示,画面才能更丰富。远景、全景、中景、近景、特写是拍摄的五大景别。

⑤拍摄机位:拍摄的角度,一般有平拍、仰拍、侧拍、俯拍4种拍摄角度。

⑥台词:视频中的台词或者字幕。

⑦时长:通过设置时长能够把控单个镜头和整体视频的长度。

⑧音乐:根据画面内容搭配适当的背景音乐。

✎ 做一做

根据小组选定的选题,撰写一个农产品推广短视频的脚本。

第4步:视频制作与优化

拍摄视频可以使用专业的拍摄工具,如DV、摄像机等,也可以使用手机等移动设备进行简单的拍摄,具体拍摄器材的选择需要依据视频的性质而定。在拍摄视频时,要注意内景和外景的选择,场景风格以适应视频内容为前提。

拍摄完视频后还需要剪辑。剪辑是指将所拍摄的视频整理成一个完整的故事,剪除多余的影像,进行声音、特效等后期制作。在剪辑过程中,还需要考虑将产品和品牌的推广信息添加到视频中,制作出符合企业要求的营销视频。

第5步：发布短视频

一个能够得到广泛传播的视频，不仅需要优质的内容和恰当的宣传，还需选择正确的发布平台和投放方式。

短视频的发布则通常选择流量更高的视频平台。如果想将视频精准投放到目标人群更集中的平台，可以根据视频内容的特点来选择特定的网络平台。如果想扩大视频的宣传范围和影响范围，也可以多平台投放视频，同时灵活使用社交媒体进行进一步的推广和宣传。

第6步：运用平台功能引流

□ 知识窗

短视频有哪些营销功能？

短视频营销的商业价值较高，营销功能也较为丰富。利用短视频进行营销，能够达到多种直接或间接的营销目的，包括：

①利用短视频引流直播；②利用短视频在线获客；③利用短视频拉动销售；④利用短视频导流App；⑤利用短视频做新品宣传；⑥利用短视频强化品牌形象。

通过短视频平台引流，一般分为免费流量和付费流量两种：

（1）免费流量。提升视频质量获取免费流量。视频上传审核通过后，平台会先将视频进行兴趣分类，然后将视频推送给经常阅读这类视频的一部分人群，对这一部分人阅读后的动作（阅读完成率、点赞、评论、转发）进行数据分析，之后再决定是否继续推荐给更多人（整个头条系产品的推荐机制都是如此）。

所以，内容质量的好坏，决定了系统会给你分配免费流量的多少。视频内容一定要有互动，这能引起读者共鸣，用户看完后能情不自禁地做出动作：或点赞、或评论、或转发。

（2）付费流量。积极投流获取付费流量。短视频平台本身就是商业化产品，如果希望快速引流，可以直接购买流量。买流量有两种：一种是直接购买推荐量，另一种是在平台投放信息流广告。

📑 知识拓展

在短视频中植入产品是当下人们的营销方式，扫描二维码学习产品是如何植入短视频的。

产品如何植入
短视频

活动拓展

同学们搜索一个时下热门的农村直商短视频，分析所选短视频是如何植入产品的。

活动 2　直播营销

活动背景

李经理带领团队拍摄制作的扶贫助农公益短视频在平台上获得许多关注,用户们纷纷在评论区询问"农产品怎么买?"团队决定趁热打铁,与张县长一起开展一场直播带货活动,将当地的农产品送达千家万户,切实帮农民解决燃眉之急。有直播竞赛经验的李想正好就有了用武之地。

活动实施

第1步:认识直播营销

回 知识窗

什么是直播营销

随着移动互联网和智能手机技术的快速发展,网络直播等新兴的直播方式开始兴起,它通过在互联网设备上安排直播软件进行直播,达到展示信息的目的。

直播营销就是利用直播的形式达成营销目标,直播营销包括场景、人物、产品和创意4个要素,如图5.3.4所示。

场景:是指营造的直播气氛,让观众身临其境。

人物:是指直播的主角,可以是主播或直播嘉宾,以展示内容的方式与观众互动。

产品:要与直播中的道具或互动有关,以软广告植入的方式达到营销产品的目的。

创意:则是优化直播效果、吸引观众观看的方式,如明星访谈、互动提问等形式就比简单的表演直播的效果更加吸引观众。

图 5.3.4　互联网的直播营销四大要素

启智探究

(1)日常生活中常见的直播类型有哪些?请举例说明。春节联欢晚会属于直播吗?它与网络直播有什么区别?

（2）某位旅行达人通过手机将自己旅行途中的趣事录制下来，以视频的形式发布到网上，属于直播营销吗？网络游戏直播、发布会直播属于直播营销吗？

第2步：完成直播选品

优秀的直播间能否获得爆发式增长，核心取决于商家的货品能力。企业在选品时需要考虑商家本身的产品情况，还需要了解行业整体情况，综合分析多方信息后最终确认适合直播间的商品。

□ 知识窗

直播该如何选品？

直播可以根据产品类型分类来选，可以分为四大类：引流款、畅销款、利润款、特色款。

（1）引流款：通常放在直播开场或预热视频引流来维护直播间的人气和热度，价格要有优势、吸引力。

（2）畅销款：为了解决需求，承接流量的产品，有些用户进到直播间，不做任何活动的只是为了买畅销商品，这些产品性价比高、销量高属于大众款。

（3）利润款：利润款商品，顾名思义是为了获得利润，这类产品普遍价格高，质量好。

（4）特色款：指的是为了增加观众好感度，提高粉丝黏性的商品。

第3步：安排直播营销活动内容

与简单地对着摄像头聊天或计算机屏幕分享等直播不同，企业直播营销需要在营销目的、目标用户的基础上进行设计，策划专门的营销活动执行方案，并根据方案来执行。一般来说，直播营销活动包括三个部分，首先是直播开场，通过开场展示主播风格，明确直播主题，迅速吸引观众的注意力。其次是直播过程，直播过程是传递核心内容和信息的关键环节，主播需要清晰地介绍产品、服务或知识，确保观众能够理解和接受。同时，通过设计各种互动环节，增强观众的参与度和粘性，提高直播间的活跃度和转化率。最后是直播结尾，结尾时总结回顾直播的主要内容，强调重点信息和亮点，帮助观众巩固记忆和理解。一个精彩的结尾可以给观众留下深刻的印象，提高他们对主播和品牌的认知度和好感度。

□ 知识窗

直播不同阶段该做什么？

不同的直播阶段其内容安排与营销技巧都不相同，具体如下：

1.直播活动开场

开场的目的是让观众了解直播的内容、形式和组织者等信息，吸引观众的注意力，使观众判断该直播是否具有可看性。开场的观众是指前期宣传所吸引的粉丝,在直播平台上随意浏览的网友。这些观众一般在进入直播的1分钟内可以做出是否继续观看的决定,因此要做好直播开场的活动。直播活动的开场主要有直接介绍、提出问题、数据引入、故事开场、道具开场、借助热点六种。

2.直播活动过程

直播活动过程主要是对直播内容的详细展示,除了全方位、详细地介绍产品信息,还可设计一些互动活动,如抽奖、赠送礼物等来吸引观众,提高观众对活动的兴趣。

3.直播活动结尾

直播从开始到结束,观众的数量一直在发生变化,到结尾时最终还留下的观众,在一定程度上可认定为本次营销活动的潜在目标客户群。因此,一定要注重直播活动的结尾,最大限度地引导直播结束时的剩余流量,实现企业产品与品牌的宣传与销售转化。直播活动结尾一般有以下方式:

(1)引导关注:直播结尾时可以将企业的自媒体账号和关注方式告知观众,引导观众关注,使其成为自己的粉丝,便于后期的粉丝维护。

(2)邀请报名:直播结尾时告知观众加入粉丝平台的方式,并邀请其报名。加入粉丝平台的这部分观众对直播内容的认可度较高,能够快速参与直播互动,具有转化为忠实粉丝的潜力。

(3)销售转化:直播结尾时告知观众进入官方网址或网店的方法,促进其购买,实现销售转化。建议给观众一些有利于他们利益的信息或营造一种紧迫感,如打折、优惠或供不应求等。

【思行园地】

切忌弄虚作假,网络直播带货不能变味

近年来,网络直播带货成为许多企业的重要营销渠道。然而,随着直播竞争的日趋激烈,一些直播间妄图通过虚假宣传来刺激消费者购买。央视新闻就曾报道过"直播间两分钟售九百单?商品页面成交量仅几十"的事件。

来自北京的夏女士在观看某网红"带货主播"的直播时,因为听信了"最后100单""手慢无"这样的话术,在直播间下单购买了所谓"原价六七百直播间只需399两瓶"的白酒。直播间的主播声称在不到两分钟的时间内这款白酒从上架一千单已经卖到了剩下最后一百单的库存。当夏女士收到酒回头去查看当时的链接时发现累计销量只有几十,并且她在网上搜索到该款白酒的市场价格并非像带货主播宣称的那样。夏女士认为自己受到了欺诈,将主播及销售方告上了法庭,请求法院判令撤销购买订单,主播及销售方退还价款、承担商品退回运费并进行三倍赔偿。主播在直播时弄虚作假,违反了我国《反不正当竞争法》,属于欺骗、误导消费者的不正当竞争行为。夏女士的诉求最终获得了法院的支持。

第4步：设计直播活动的互动

在直播过程中开展各种互动，可以在增加观众兴趣的同时激发活动高潮。常见的直播活动互动设计主要有派发红包福利、设置抽奖福利、与名人合作、连麦互动、发起任务等。

主播在直播间可以通过多种有效的互动方式来提升粉丝的参与热情，如发送红包、抽奖等。

主播要知道不同的互动方式可能对粉丝产生的影响，从而决定不同时段采用不同的互动方式，以免直播间冷场。

▣ 知识窗

直播活动中可以设计哪些互动？

在直播过程中开展各种互动，可以在增加观众兴趣，同时激发活动高潮。常见的直播活动互动设计主要有派发红包福利、设置抽奖福利、与名人合作、发起任务等。

1.派发红包福利

观看直播的观众可以通过直播平台派发红包等福利来加强与观众的互动。主播在发放红包时要提前告知观众发放的时间，如"10分钟后有一大波红包来袭""20：00准时发红包"等，这是为了让观众知道抢红包的时间，在做好准备的同时，观众会邀请更多人进入直播间等待红包，提高直播的人气。发红包的方式可以按照时间段、直播时段和直播人数三种方式进行划分，具体见表5.3.3。

表5.3.3   发红包的方式

分类方式	分类指标	发红包方式
按照时间段发红包	上午7：00—10：00	此时观看直播的用户以中老年人为主，主播要为直播设置突显福利信息的标题，搭配发送小额红包，如1~5元等，持续发送10~20分钟
	下午1：00—3：00	此时观看直播的用户没有明显的特征，一般是在放松和闲逛，主播可设置抽奖活动，并配合不定时发送的小额红包，如1~5元等，以延长用户在直播间的停留时间
	晚上7：00—11：00	此时观看直播的人数较多，且用户大多是粉丝，主播可以根据直播商品的单价，适当提高每个红包的金额，延长发红包的时间，以稳定直播间的人气，并刺激用户下单
按照直播节奏发红包	预热型红包	此时直播间的人数较少，主播可以通过发送多个小额红包来引流。例如，在直播开始的前5~10分钟发送3~5次红包，每次发15~20个，单个红包金额设置为1~5元
	延长停留时间红包	此时直播间已经积累了一定的人气，主播要适量增加红包的数量，吸引用户持续在直播间停留。例如，主播可以持续发送5~8分钟的小额红包，单个红包金额设置为1~5元，红包数量为30~50个
	蓄力爆发型红包	此时主播可以尝试发送大额红包，增加红包的数量，结合其他引流工具，最大限度地提高直播间的曝光量，吸引新用户。主播可以将红包金额设置为20~50元，持续发送5~8分钟，红包数量为50~100个

续表

分类方式	分类指标	发红包方式
按照直播间人数发红包	在线人数为500人以下	每个红包的金额可以设置为1~5元，持续发送红包3~5分钟，红包数量为20~30个
	在线人数为500~1 000人	每个红包的金额可以设置为10~20元，持续发送红包8~10分钟，红包数量为30~50个
	在线人数为1 000~1 500人	每个红包的金额可以设置为15~30元，持续发送红包6~8分钟，红包数量为30~60个
	在线人数为1 500~3 000人	每个红包的金额可以设置为30~50元，持续发送红包3~5分钟，红包数量为50~100个

2.设置抽奖福利

（1）开展抽奖活动的规则

开展抽奖活动不是简单地把奖品送出去，主播要把握开展抽奖活动的规则。

①主播要让更多用户了解自己正在开展抽奖活动，并让用户了解抽奖活动的形式和内容。主播要提前发布抽奖活动的预告，吸引用户关注。

②定期抽奖并非意味着明确所有抽奖活动的具体时间，而是公布直播过程中有抽奖活动，但要在直播过程中告知用户抽奖的具体时间。

③主播要注意直播的节奏和与用户的互动，注意提醒用户点赞、评论、留言，使直播间的气氛升温之后再进行抽奖。抽奖的整个流程要公开、公平、公正。

④主播在公布中奖名单时要对中奖的用户表示祝贺，同时告诉未中奖的用户不要灰心，并告知所有用户下一次抽奖的具体时间和内容。

⑤主播在开展抽奖活动时不一定要赠送价值很高的奖品，可以通过增加抽奖次数，降低奖品价值，吸引更多用户关注直播间。

⑥开展抽奖活动时，使用的奖品应当是直播间推荐的商品或"爆款"、新品，且主播不要集中抽奖，而是将抽奖活动分散在各个环节中。

（2）抽奖的形式

抽奖的形式主要有5种，分别是截屏抽奖、随机抽奖、盲盒抽奖、盈利抽奖和福袋抽奖。

3.与名人合作

名人直播销售步入正轨的标志性特征是人设鲜明、综艺感强、高频次直播。很多与电商平台合作的名人基本可以做到每周直播，甚至有些名人可以每2~3天直播一次。

名人直播销售可以分为以下3种类型：

（1）名人做主播，搭配专业助理，推荐与自身专业能力相匹配的商品，或者符合自身形象的商品。

（2）名人做客专业主播的直播间，起到为商品进行广告背书的作用，这是名人直播销售最初级、效率最低的模式。

（3）名人与头部主播合作，联合带货，这成为如今直播销售的趋势，其数据通常是主播单人直播数据的两倍，一场直播的销售额甚至可能破亿。

4.小游戏互动

互动小游戏主要分为两种形式，一种是让粉丝参与其中的小游戏，另一种是挑战赛形式。

✎ 做一做

在淘宝直播平台观看一场直播，记录下该场直播中，主播设计了哪些直播互动活动，你参与了其中的哪些活动？

🡕 创新风向标

数字人直播助力非遗走向世界

在贵州丹寨，蜡染是当地苗族传统的非遗技艺。由于地处山区，蜡染传承者们在销售蜡染产品时面临诸多困难。为了推广这一技艺，村民们尝试过直播带货，但面临着既要制作蜡染，又要进行直播的挑战，且效果不尽如人意。

华为通过数字人直播技术的介入改变了这一局面。利用AI技术为当地村民量身定制的数字人，使直播24小时不间断成为可能。而且，这些数字人本身还具备外语直播的能力，进一步拓展了产品的销售渠道。科技的创新改变了丹寨的命运，为蜡染的传承和发展打开了全新的机遇之门。

🖥 知识拓展

随着网络直播节目的大量涌现，网络主播数量快速增长。然而，网络主播队伍素质良莠不齐，有的甚至扰乱行业秩序。作为一名网络主播，应该遵守哪些行为规范呢？请同学们扫码学习。

网络主播应遵守的行为规范

活动拓展

有网民反映某些主播以骂人出名，为吸粉引流、提高收入，长期在网络平台直播骂人，手以随时、随地、随机骂人成为直播"特色"，请分析该行为违反了哪些法律法规和职业道德。

项目检测

1.单选题

（1）SEO指的是（　　　）。

A.搜索引擎　　　　　　　　　　B.搜索引擎优化

C.网页优化   D.以上都不是

（2）TDK是指网站的标题、描述和（ ）。

 A.网页   B.浏览器

 C.关键词   D.源代码

（3）（ ）的作用是告诉用户和搜索引擎当前页面的核心内容。

 A.标题   B.描述

 C.关键词   D.以上都不是

（4）百度推广是百度推出的（ ）推广服务，它按照给企业带来的潜在客户的访问数量计费，企业可以灵活控制网络推广投入，获得最大回报。

 A.免费   B.付费

 C.排名   D.自然

（5）搭建账户时首先要搭建推广计划，最多可以创建（ ）个推广计划。

 A.2   B.10

 C.50   D.100

（6）单元名称可支持（ ）个字符，不能重复。

 A.10   B.30

 C.50   D.100

（7）下列属于通用词的是（ ）。

 A.手机   B.华为

 C.周年庆   D.双十一

（8）下列不属于微信营销形式的是（ ）。

 A.微信群   B.朋友圈

 C.小程序   D.网页

（9）短视频营销的关键点是（ ）。

 A.时间   B.空间

 C.内容   D.时长

（10）（ ）是直播营销活动的主角，以展示内容的方式与观众互动。

 A.场景   B.人物

 C.产品   D.创意

（11）（ ）通常放在直播开场或预热视频引流来维护直播间的人气和热度，价格要有优势、吸引力。

 A.引流款   B.畅销款

 C.特色款   D.利润款

（12）（ ）是为了增加观众好感度，提高粉丝黏性的商品。

 A.引流款   B.畅销款

 C.特色款   D.利润款

（13）通过短视频平台引流的方式有（ ）种。

   A.一　　　　　　　　　　　B.两

   C.三　　　　　　　　　　　D.四

(14)做微信营销时,(　　)要有吸引力。

   A.图片　　　　　　　　　　B.视频

   C.内容　　　　　　　　　　D.产品

(15)(　　)的本质应该是基于共同目的、共同兴趣创立的一个场景需求。

   A.微博　　　　　　　　　　B.微信

   C.社群　　　　　　　　　　D.以上都不是

2.简答题

(1)简述站内SEO和站外SEO。

(2)简述直播选品的类型。

(3)直播活动结尾的方式包括哪些?

(4)开展短视频营销要做好哪几步?

(5)简述直播不同阶段的技巧。

3.案例分析题

　　　影视+文旅,直播+非遗——"去有风的地方　品最美的风物"

　　由云南省文化和旅游厅、大理州人民政府主办,大理州文化和旅游局承办的"去有风的地方　品最美的风物"影视+文旅宣传推广活动成功入选了2022年国内旅游宣传推广十佳案例和34个优秀案例。

　　电视剧《去有风的地方》以田园治愈作为题材定位,展现温情恬静的当代乡村生活。该电视剧播出后,在各个社交平台引发热议。

　　云南省文化和旅游厅、大理州人民政府积极策划,围绕剧情出现的取景地、非遗、特产以及产生的热点话题,推出"去有风的地方　品最美的风物"影视+文旅宣传推广活动,持续掀起文旅消费热潮,激发大理乃至云南旅游市场活力,助推文旅行业全面复苏。活动还带火了木雕、白族扎染、白族刺绣等非遗产品和鲜花饼、乳扇等当地特色产品,对大理文旅产业链起到全面的带动作用。

　　为进一步展示大理非遗文化,让广大网友对大理非遗项目有更深入的认识和体验,云南省大理州新媒体协会与大理文旅在大理市凤阳邑村有风小院开展"去有风的地方　品最美的风物"主题分享活动,邀请了多位当地网红开展网络直播,向网友展示了扎染、白族刺绣、木雕、三道茶等大理非遗产品,详细讲解了非遗产品的制作工艺和历史沿革,还对乳扇、鲜花饼、黄焖鸡等当地特色产品进行了推介。网友们通过直播间享受了一顿大理非遗文化大餐,表示愿意亲自到大理体验感受非遗产品的魅力。主题分享活动吸引了共计10.3万的网民围观直播,使大理非遗产品借助网络"有风"出圈。

　　阅读案例,回答下列问题。

(1)该案例使用了哪些营销推广方式?

(2)该电视剧的题材定位契合了大理的哪些特点?

(3)主办方邀请了多位当地网红向网友展示了哪些产品的直播?

项目 6
评估网络营销效果

▢ 项目综述

网络营销效果评估是利用各种网络统计分析系统结合线下的统计方式来分析网络营销效果，并结合销售情况做出准确的评估，所以任何企业对网络营销效果做评估时均可从统计分析数据和销售业绩着手。在本项目中，我们将学习具体从哪些维度去进行网络营销效果评估，探究有哪些实际有效的工具和方法。

▢ 项目目标

通过本项目的学习，应达到的具体目标如下：

素质目标
◇培养学生发现问题、探究问题、解决问题的思辨能力；
◇培养学生的信息搜集能力；
◇养成细致、严谨的工作态度；
◇引导学生开拓创新思维，提升创新能力。

知识目标
◇了解网络营销效果监控与评测；
◇掌握网络营销效果评测的指标；
◇理解网络营销效果评测的内容；
◇理解网络营销效果评测的作用；
◇掌握网络营销效果评测的方法；
◇掌握流量统计分析的常用指标；
◇熟悉流量统计分析的工具。

能力目标
◇能制订出简单的网络营销效果评测的设计方案；
◇能对网站流量进行分析、总结；
◇能制订网络营销策略；
◇能撰写网络营销策划方案。

□ **思维导图**

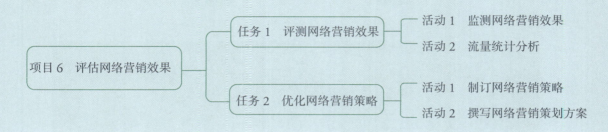

任务1 »»»»»»»
评测网络营销效果

任务引例

　　丹东自然风光秀美、文化积淀深厚、人文资源丰富，具有发展文旅产业的优势。如何把资源优势转化为产业优势，推动文旅产业振兴发展，走出一条具有地方特色的文旅产业高质量发展新路子？丹东文旅局持续性推进"旅游+互联网"建设，深度挖掘城市多维需求，实施了一系列网络营销活动来获取更多流量与关注。

　　电影《长津湖》的热播引发了大众对"抗美援朝"历史的关注，丹东文旅局利用这一热点，挖掘需求点，将民众爱国热情与丹东旅游资源相结合，在满足爱国情怀的同时，切合丹东城市实况，打好边境和抗美援朝红色文化"两张牌"，如图6.1.1所示。

图 6.1.1　丹东文旅局借势电影开展网络营销

获得了较大的关注后，丹东文旅局趁热打铁，挖掘红色+文旅多样化兴趣点，在传播过程中利用场景+事件营销，深入将丹东与"英雄城市"做热点嫁接，多主题内容展现丹东红色印记，利用传播手段增加城市传播热度，为丹东红色热点造势，如图6.1.2所示。

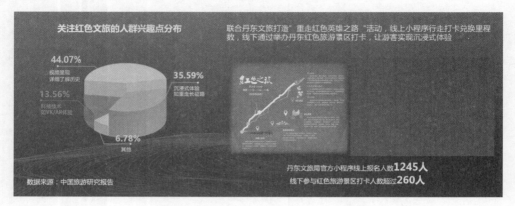

图 6.1.2　丹东文旅局打造"重走红色英雄之路"活动

丹东文旅局通过链接用户爱国情怀，创新整合营销场景，赋能城市发展商机。项目总曝光超过8 600万+，丹东城市网络关注度较往年提升335%。

分析与启示

面对城市宣传的困局，丹东市文旅局坚持理念创新，发挥丹东特色文旅资源的载体作用，通过借势营销和事件营销链接用户爱国情怀，打造营销场景。从数据上可以看出，丹东市文旅局的网络营销效果显著，取得了较大成功。

活动 1　监测网络营销效果

活动背景

李想在网络营销公司工作一段时间后，发现企业在网络营销中运用了不少营销手段，如投放网络广告、开展搜索引擎营销、社交媒体营销、多媒体营销等，虽然钱花了不少，但不清楚营的效果如何。如何才能对网络营销效果进行检测呢？李经理让李想结合跟进的项目进行分析和总结，并以书面形式进行汇报。

活动实施

网络营销效果评测是指用一系列的评价指标对开展网络营销的企业的网站访问量、产品销量和客户服务等方面进行有效、客观、全面、综合的评测，目的是为企业今后做网络推广起到指引作用，帮助企业实现预期的经营目标。

网络营销效果评测往往需要通过专业的统计平台进行，下面以"我要啦"分析流量统计网站测评某网站网络营销效果。

第1步：登录测评平台

通过搜索引擎找到"我要啦"网站（见图6.1.3），并完成注册和登录。

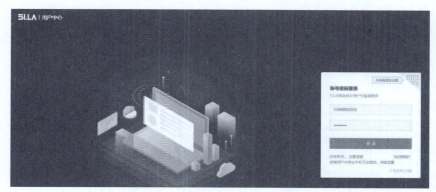

图 6.1.3 "我要啦"网站登录页面

第2步：查看网站分析概况

进入"我要啦"网站的"网站统计"功能，将要测评的网站"添加应用统计"，如图6.1.4所示。

图 6.1.4 "我要啦"网站的"网站统计"功能

根据指引查看网站分析概况，如图6.1.5所示。

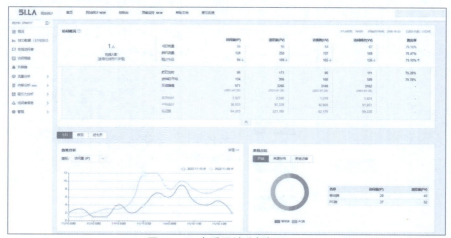

图 6.1.5 查看网站分析概况

囗 知识窗

网络营销效果需要评测哪些指标?

(1)访问量(Page View, PV)

访问量即页面浏览量或点击量,用户对网站中的每个网页每访问1次均被记录1次。用户对同一页面的多次访问,访问量累计。

(2)浏览时间

浏览时间就是网民在网站或网页浏览、停留的时间,包括站点停留时间(Time on Site, TS)和页面停留时间(Time on Site, TP),是用户体验分析及流量质量监控的重要指标。

(3)印象数

广告每一次显示,称一次印象。被统计印象数的对象包括Flash广告、图片广告、文字链广告、软文、邮件广告、视频广告、多媒体广告等多种形式。

(4)点击数

点击广告的次数,称为点击数或点击量。

(5)点击率

广告点击量与广告展示量之比,称为广告点击率,该值可以反映广告对网民的吸引程度。

点击率=广告点击量/广告展示量

(6)到达率

广告到达量是指网民通过点击广告进入推广网站的次数,广告到达量与广告点击量的比值称为广告到达率。广告到达率通常反映广告点击量的质量和广告页的加载效率,是判断广告是否存在虚假点击的指标之一。

(7)成功注册数

成功注册数指的是用户被浏览的广告或网站成功引导注册的人数。

(8)转化率

转化率是指在一个统计周期内,完成转化行为的次数占推广信息总点击次数的比率。计算公式:转化率=(转化次数/点击量)×100%。

转化率是最重要的流量指标之一,它可以衡量网站内容对访问者的吸引程度以及网站的宣传效果。因此,转化率是网站最终能否赢利的核心。转化率图解如图6.1.6所示。

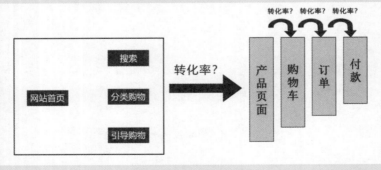

图 6.1.6　转化率图解

第3步：正确认识网络营销效果评测的作用

网络营销效果的评估，不仅能对企业的营销活动做出客观的评价，而且可以对企业今后的营销推广起到有效的指导。它对提高企业的广告效益，具有十分重要的意义。具体体现在：

①有利于改善企业线下的市场营销活动；②是企业开展网络营销活动的重要保证；③有利于提高企业的知名度。

> **知识拓展**
>
> 春节将至，企业的各种营销活动争相上线，如支付宝集五福、带有品牌的微信红包封面、传统的各类春节海报、春节大促销等。作为企业，要如何收集这些春节营销反馈信息呢？扫描二维码来看看他们是怎么做的。

如何收集这些营销反馈信息

活动拓展

登录"我要啦"网站，尝试测评淘宝网"11.11"大促活动的网络营销效果。

活动 2　流量统计分析

活动背景

李想通过评测指标和数字监控一段时间得到些数据，但他发现无论使用哪种网络营销手段，其目的都是把众多的访问者带到企业网站，然后获取销售机会，促进销售。将访问者变成网站的顾客，也就是将流量转化。流量统计分析对于评价营销效果具有重要作用。

活动实施

> **知识窗**
>
> **流量转化是什么？**
>
> 流量转化是指通过各种网络营销手段，促使访问者采取下一步行动，能够咨询、留下联系信息或发起订单，将流量变成企业的商机，帮助企业获取潜在客户的信息，促进产品的销售，最终实现流量变销量，如图6.1.7所示。

在中小企业开展网络营销的过程中，好的网络推广产品，能够帮助中小企业获取有效的流量，并且这样的流量能够给企业带来商机，从而促进产品的销售。那如何来统计网络推广产品带来的流量呢？

目前，能对有关数据进行统计、分析，以了解网站当前的访问效果和访问用户行为的统计分析工具有很多，下面以百度统计为例介绍如何进行流量统计分析。

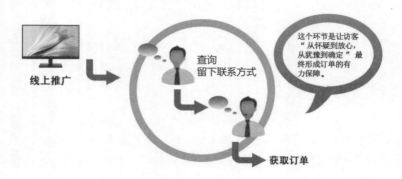

图 6.1.7　流量转化图解

第1步：进入"百度统计"平台

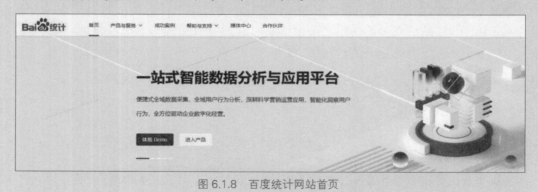

○ 知识窗

什么是百度统计?

百度统计是百度推出的一款免费的专业网站流量分析工具。它能够告诉用户访客是如何找到并浏览用户的网站，以及访客在网站上做了些什么，有了这些信息，可以帮助用户改善访客在用户的网站上的使用体验，不断提升网站的投资回报率。目前百度统计提供的功能包括趋势分析、来源分析、页面分析、访客分析、定制分析等多种统计分析服务。

利用搜索引擎查找"百度统计"，如图6.1.8所示。

图 6.1.8　百度统计网站首页

第2步：查看流量统计数据

在"百度统计"网站首页右上角点击"体验Demo"，并查看"百度统计"流量统计指标，如图6.1.9所示。

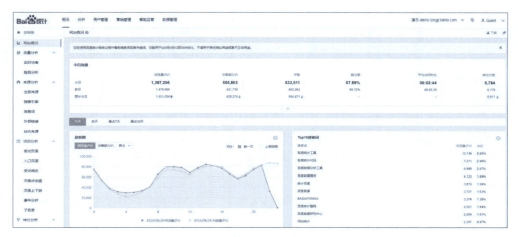

图 6.1.9　百度统计网站后台

知识拓展

扫描二维码看看"百度统计"还能提供哪些功能。

"百度统计"
的功能

活动拓展

利用"百度统计"完成一份学校网站的流量分析报告。

任务2 »»»»»»»»
优化网络营销策略

任务引例

情怀营销让国货品牌迅速出圈

2023年9月,国货品牌蜂花先是被很多网友吐槽,发货的纸箱是其他品牌的包装,后又被人拍到开着叉车去叉别人家的箱子,这一情景迅速抓住了网友的眼球,进而成为广大网友心疼和拥护的对象。两天后,蜂花抓住新一波流量发布79元可以买到蜂花的哪些产品的视频,引发热议,网友纷纷涌进直播间,蜂花也多次冲上热搜。蜂花这一系列操作不仅唤醒了网友对这个品牌的记忆,同时也让网友发现真正用心做产品的国货品牌并非价格虚高,而是量大便宜。

国货品牌迅速效仿,郁美净也跟上了这一波营销热潮,发布品牌介绍视频,唤醒了人们对老品牌的认知,网友也借此回忆起童年时光。该账号在发布视频后快速涨粉,短短3天抖音官方账号粉丝突破100万。郁美净这个品牌在9月份共计获得了2.17亿的曝光，互动量达到了987.19万，环比增长了10 772.13%，其品牌关联的直播也达到4 580场。郁美净抖音官方账号在短短3天内涨粉百万。

此次国货营销中，很多元老级国货品牌也因为这次"商战"重新出现在大众的视线中，如国妆非遗"戴春林"，中华老字号"谢馥春"等老品牌的出现进一步拉动了此次国货的营销热度。

随着时代的变迁和经济的发展，许多优秀的国货品牌不仅是家族荣耀，更是民族文化的体现，肩负着传承中华优秀传统文化、坚定民族文化自信的重任。网络营销从业人员必须坚持守正创新，挖掘品牌文化特色，优化网络营销策略，提升品牌信誉，提高产品竞争力，推动经济高质量发展。

（资料来源：公众号《大企方案》——《国货品牌9月营销方式分析报告》）

分析与启示

网络营销就是以互联网为中心，为了实现企业制定的网络营销目标，而设计并实施针对产品与服务的网络营销策略之后开展的一系列的营销活动。上述案例中各大国货品牌的火爆出圈让我们看到了选择正确的网络营销策略能迅速提升品牌影响力，拉动产品销售。网络营销策略不是单一的，要从产品、价格、促销、渠道四个方面进行优化组合和综合运用。

活动1　制订网络营销策略

活动背景

李想在公司领导和同事的指导和帮助下，逐渐累积了一定的营销经验，李经理建议他学会站在更高层面思考问题，并利用近期某生鲜网站项目的机会，为该网站设计网络营销组合策略，并提交一份报告书。

活动实施

第1步：认识网络营销策略

□ 知识窗

什么是网络营销策略？

网络营销策略是指企业为了追逐其营销目标，综合考虑环境、能力、竞争状况，对自己可控的各种营销因素（如产品质量、包装、服务、价格、渠道、广告等）进行协调配合，扬长避短，发挥优势，以取得更好的社会效益和经济效益，实现营销目标。

在20世纪50年代初，根据需求中心论的营销观念，市场营销专家麦卡锡教授把企业开展营销活动的可控因素归纳为四类，即产品、价格、渠道和促销，因此，提出了市场营销的

4P组合策略，如图6.2.1所示。因此，在制定网络营销策略组合时，主要从产品、价格、渠道和促销四个方面进行。

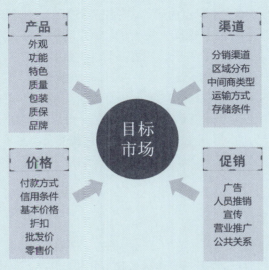

图 6.2.1　市场营销 4P 组合模式

同时，需要注意的是企业必须在准确地分析、判断特定的市场营销环境、企业资源及目标市场需求特点的基础上，才能制定出最佳的营销组合。所以，最佳的市场营销组合的作用，绝不是产品、价格、渠道、推广四个营销要素的简单数字相加，而是使它们产生一种整体协同作用。

第2步：制订网络营销策略

市场营销组合策略的基本思想在于：从制定产品策略入手，同时制定价格、渠道及推广策略，组合成总体策略，以便达到以合适的产品、合适的价格、合适的促销方式，把产品送到合适地点的目的。企业经营的成败在很大程度上取决于这些组合策略的选择和它们的综合运用效果。

（1）制定产品策略。企业对任何产品都可以开展网络营销活动，至少可以开展网络推广活动。在网络上，由于顾客看不到、摸不着实体产品，因此，企业开展网络营销活动要关注产品在网络上的表现形式。除了一般的文字、图片和视频等信息表现形式外，企业更应该精心打造产品的网络品牌，重视产品的网络口碑的表现。另外，在网络营销中，企业要重视顾客对产品的体验，通过满足顾客的体验来更新自身的产品功能。

（2）制定价格策略。网络营销的最大特点在于消费者占主导地位，消费者拥有比过去更大的选择自由，企业更多地采用基于需求导向和竞争导向的定价方法。在网络经济中，互联网能够帮助企业降低生产和库存等成本，因而相比传统营销活动，消费者可以通过更低的价格获取同等质量的商品。同时网络营销也对企业的定价策略产生更大的影响，如何通过多种促销手段间接打出价格优势是企业网络营销的重要方式。

（3）制定渠道策略。互联网为企业与顾客的连接创造了一种新的、直接的销售渠道。目前，网上销售已发挥出越来越重要的作用，网上销售渠道已成为企业一条重要的销售渠道，甚至有的企业仅仅开展网上销售。企业开展网上销售，可以自建销售平台，如企业官方商城，也可以利用第三方平台，如网上商店，二者优劣势互补。自建销售平台具有独立性，但是在建设、维护和推广平台上需要投入较大的资源；利用第三方平台开展网上销售，企业不需要投入较大的资源，但是受制于第三方平台，顾客主要来自第三方平台的用户。

（4）制定促销策略。企业在开展促销活动中，要开展软营销，不能强势灌输，否则用户会反感。由于互联网信息沟通的双向性，企业的促销活动能得到用户的反馈，而用户的反馈也能得到企业的及时响应。利用互联网的技术，企业可以开展基于用户行为特点的促销活动，如基于用户浏览行为的网页定位广告和基于用户购买行为的交叉销售等。另外，得益于互联网技术的便捷性，企业可以开展丰富多彩的网络促销活动，比传统促销手段更加灵活和多样。

✎ 做一做

　　对盒马鲜生网站进行分析，并结合互联网搜集的相关信息，填写表 6.2.1，说明盒马鲜生在发展的过程当中运用了哪些网络营销策略。

表 6.2.1　盒马鲜生网络营销策略

4P 营销组合	具体的网络营销策略
产品	
价格	
渠道	
促销	

【思行园地】

　　好的网络营销策略能让企业的产品和服务更好地被消费者认识和接受，制定网络营销策略是一个系统性的过程，必须坚持系统观念，从了解目标客户、设定营销目标、制订营销策略、优化用户体验、分析相关数据和评估营销效果等方面开展一系列的相关工作。同时，结合线上线下活动，创造更全面的品牌体验，提高品牌的综合影响力。

营销策略的多元化

在市场营销的演进历程中，除了 4P 策略的提出，也逐步衍生出了 4C、4R 等一系列策略理论。这些策略各具特色，为企业提供了更为精准和高效的营销手段，共同构建了市场营销的多元化体系。

4C 策略由 1990 年劳特朋教授提出，强调以消费者需求为核心，包括消费者、成本、便利和沟通四个要素。企业在网络营销中应深入了解消费者，为消费者优化购物体验和提供便利，降低交易成本，并通过社交媒体等渠道与消费者进行双向沟通以增强品牌忠诚度。4R 策略则注重与消费者的关联、反应、关系和回报。企业可通过大数据分析和精准营销建立紧密联系，同时需要快速响应市场变化，建立长期稳定的客户关系，实现企业与消费者的共赢。4S 策略则包括满意、服务、速度和诚意四个要素。要求企业确保产品或服务满足消费者需求，提供优质服务，快速响应市场，真诚对待消费者。

在实际运营中，企业需根据自身情况和市场环境，选择合适的网络营销策略组合，以消费者需求为中心，提供优质的服务，不断提升自身的品牌忠诚度，才能在激烈的市场竞争中脱颖而出，赢得消费者的青睐与信任。

活动拓展

以小组为单位，结合所学的4C、4SR、4S理论内容，自选一个国货品牌，分别对其运用的营销策略进行分析，填写表6.2.2并进行小组交流分享。

表 6.2.2　营销组合策略分析表

营销理论		具体的网络营销策略
4C 营销组合	消费者	
	成本	
	便利	
	沟通	
4R 营销组合	关联	
	反应	
	关系	
	回报	
4S 营销组合	满意	
	服务	
	速度	
	诚意	

活动2　撰写网络营销策划方案

活动背景

网络营销策划方案是网络营销的灵魂,是企业在应对强大的竞争时的对策和决定。那么,网络营销策划方案到底是什么呢? 接下来让我们跟着李想一起学习网络营销策划方案的内容。

活动实施

网络营销策划方案是指企业以互联网为媒介,在对内外环境进行准确分析的基础上,围绕企业发展的特定目标,全面构思、精心设计企业未来一定时期内的网络营销战略、阶段目标以及实施方案的文件。

撰写策划方案之前需要先整理框架与关键要素,明确重点,才能捋清策划思路。撰写网络营销活动策划方案,主要包括以下步骤:

第1步:明确策划的目标

首先要对营销策划所要达到的目标、宗旨树立明确的观点,作为执行本策划的动力或强调其执行的意义所在,以要求全员统一思想,协调行动,共同努力保证策划高质量地完成。例如,某生鲜网站的营销策划目标就是网站开张伊始,尚无一套系统网络营销方案,因而需要根据市场特点策划出一套网络营销计划,以期迅速推广品牌,获得消费者认同。

第2步:进行环境分析

环境分析主要分析当前营销环境状况,包括当前市场状况及前景的分析、优劣势分析,还有机会与威胁分析等。通过对系统环境的分析,找出方案实施关键点及可能存在的问题,制定相应的规则来规避风险和做好应对措施。在进行环境分析时,推荐使用SWOT分析法。

🖵知识窗

SWOT是优势(Strength)、弱点(Weakness)、机会(Opportunity)和威胁(Threat)四个单词的缩写,指导我们在分析时从优势、弱点、机会和威胁四个角度着手。图6.2.2就是针对自媒体短视频整体环境进行的SWOT分析。

什么是SWOT分析法

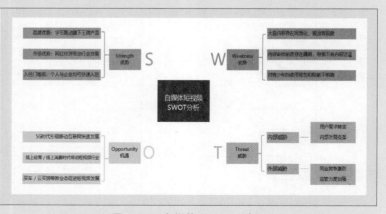

图 6.2.2　自媒体 SWOT 分析

第3步：撰写营销活动策划书

▢ 知识窗

网络营销活动策划书包含哪些要素？

（1）活动主题

活动主题指的是在集体性活动中，以一个主题为线索，围绕主题进行活动与交流。策划一场活动，需打造具有吸引力的活动主题，让用户可以明确了解到此次营销活动主要是做什么的。

（2）活动目的

活动目的指的是本次活动实现的目标是什么，可通过SMART目标进行制定，即目标设定为具体的、可衡量的、能实现的、真实有效的、有时间期限的。例如：某服装店铺双十一活动期间设定目标当天通过宣传及促销活动的开展，实现销量达到20 000件，当日新增店铺粉丝300个。

（3）活动对象

活动对象即活动的目标人群是谁，确定目标人群，根据目标人群的定位，进行方案制订，确保活动有效进行。

（4）活动形式

活动形式即具体要做一个什么活动，活动的主要呈现方式是什么，主要包括活动类型、活动参与门槛、顾客的活动参与步骤、奖品、兑奖流程等。

（5）宣传渠道

活动的顺利开展需要进行一定的曝光与宣传，宣传的渠道包括免费渠道及付费渠道，可根据实际情况选择宣传的方式。

（6）活动物料

活动物料指的是围绕活动制作的一系列网络页面与线下物料。

（7）职责分工

明确活动开展每个人的分工与任务，各司其职，执行监管。

（8）活动进度

活动进度即活动各模块与拆开目标的活动进程顺序和完成时间点。一般根据职责表与活动执行前后顺序来编写进度表（一般进度采用甘特图）。

（9）活动成本

在活动方案中，需将活动成本明细罗列出来，以便他人查阅审核活动，了解活动的ROI（投资回报率）。

✎ 做一做

结合所学内容，为盒马鲜生网站设计一场"618"购物节的网络营销活动策划方案，并填入表6.2.3中。

<table>
<tr><td colspan="2" align="center">表6.2.3　"盒马鲜生"产品网络营销活动策划方案</td></tr>
<tr><td>活动主题</td><td></td></tr>
<tr><td colspan="2" align="center">活动策划内容</td></tr>
<tr><td colspan="2">（1）活动目标（包括总体目标、阶段目标等）；（2）活动对象；（3）流量获取框架和具体的流量挖掘方式（推广渠道、媒介等）；（4）活动内容描述（活动面向对象、活动时间、活动形式、活动规则等）；（5）活动预算；（6）活动执行排期表；（7）执行保障（预警机制/问题处理及调整机制）；（8）活动效果预估</td></tr>
<tr><td>策划方案
亮点说明</td><td align="center">策划方案的亮点在于……</td></tr>
<tr><td>策划方案
难点说明</td><td align="center">此次策划方案的难点在于……</td></tr>
</table>

知识拓展

网络营销策划方案的撰写技巧

撰写网络营销策划方案，需要掌握一些细节和技巧，才能使策划方案更具有完整性和可操作性，主要体现在以下三个方面。

（1）结构完整、层次清晰

网络营销策划方案的结构可概括为环境分析、战略制定和执行落实3个大部分。一份结构清晰、富有层次的策划方案，有利于把握策划方案的重点，思路逻辑清晰，对整体规划有所把握。

（2）主线明确、战略统领

网络营销策划方案要围绕一条主线展开分析。为了更好地运用这一技巧，策划者可以在策划方案中使用一些重点符号、特殊的版式、不同的字体或字号，对策划内容的主线给予强调，以利于执行者能准确地把握策划主线。

（3）图表丰富，分析深入

在网络营销策划方案中使用图表进行分析，不仅可以使策划方案看上去简明、真实，还能让阅读者关注图表的数据内容，增强策划方案的深度、可读性和真实性。

活动拓展

以小组为单位，结合所学的网络营销策划的撰写技巧，自选一个国货品牌，设计一份内容完整、图文并茂的网络营销策划方案，并进行小组交流分享。

项目检测

1.单项选择题

(1)下面有关网络营销效果测评的说法正确的是(　　　)。

　　A.网络营销效果测评就是对企业开展网络营销活动各环节进行评价

　　B.网络营销和传统市场营销都可以反馈

　　C.网络营销效果测评的成本高,操作复杂

　　D.网络营销效果评价能指导企业营销工作

(2)交互性是网络营销效果测评的特点。(　　　)

　　A.对　　　　　　　　　　　B.错

(3)对企业网络营销的数据监控都是免费的。(　　　)

　　A.对　　　　　　　　　　　B.错

(4)下面有关PV和UV的说法正确的是(　　　)。

　　A.流量和访问量　　　　　　B.价格和质量

　　C.访问量和访客　　　　　　D.印象数和转化率

(5)流量是转化的基础,转化是流量价值的最终体现。(　　　)

　　A.对　　　　　　　　　　　B.错

(6)跳出率指的是(　　　)。

　　A.在一个统计周期内,完成转化行为的次数占推广信息总点击次数的比率

　　B.指用户来到网站,只看了一个网页就离开的比例

　　C.用户离开网站最后一个页面的概率

　　D.用户跳到第二个网页的比率

(7)广告点击量/广告展示量等于(　　　)。

　　A.点击率　　　　　　　　　B.点击量

　　C.浏览率　　　　　　　　　D.转化率

(8)(　　　)销售平台具有独立性。

　　A.第三方　　　　　　　　　B.自建

　　C.自销　　　　　　　　　　D.第二方

(9)SWOT分析法的S指的是(　　　)。

　　A.优势　　　　　　　　　　B.弱点

　　C.机会　　　　　　　　　　D.威胁

(10)(　　　)对于评价营销效果具有重要作用。

　　A.转化率分析　　　　　　　B.统计分析

　　C.流量统计分析　　　　　　D.浏览率分析

(11)网络营销的最大特点在于(　　　)占主导地位。

　　A.企业　　　　　　　　　　B.专家

　　C.政府部门　　　　　　　　D.消费者

(12)(　　　)是最重要的流量指标之一,它可以衡量网站内容对访问者的吸引程度

以及网站的宣传效果。

    A.点击率   B.点击量

    C.浏览率   D.转化率

（13）（   ）指的是在集体性活动中，以一个主题为线索，围绕主题进行活动与交流。

    A.活动目的   B.活动对象

    C.活动主题   D.活动进度

（14）（   ）是指网民通过点击广告进入推广网站的次数。

    A.广告到达率   B.广告到达量

    C.广告曝光量   D.广告播放量

（15）下列不属于4P组合策略的是（   ）。

    A.精准策略   B.产品策略

    C.促销策略   D.渠道策略

2.简答题

（1）简述提升网站浏览量的方法或技巧。

（2）简述对网站流量统计指标分析的好处。

（3）简述网络营销活动策划案的组成要素。

（4）简述网络营销策划方案的撰写技巧。

（5）网络营销活动策划书包含哪些要素？

3.案例分析题

某女装店铺希望为一款新上架的风衣设定关键词，可从生意参谋或者直通车中下载"风衣"品类的所有关键词。每个关键词都会有"展现量""点击量""花费"等维度的指标。将数据导入Excel中。将Excel里面的原始数据格式全部设置成"数值"类型，然后把原始数据粘贴到数据分析工具里。把原始数据变成变量，对变量进行描述加权。

将每个关键词的所有变量相加，按升序或者降序排序，找到权重最高的关键词。排名前三名的就是店铺的目标关键词，请找出排名前三的目标关键词。

参考文献

[1] 冯英健.网络营销基础与实践[M]5版.北京：清华大学出版社，2016.

[2] 菲律普·科特勒.营销管理[M].上海：上海人民出版社，2012.

[3] 陈德人.网络营销与策划[M].北京：人民邮电出版社，2019.